De klassieke oudheid

Herman Beliën en Fik Meijer

De klassieke oudheid

2015 Prometheus • Bert Bakker Amsterdam

Deze uitgave verscheen eerder onder de titel *De klassieke oudheid in een notendop* (2000, 6de druk 2010) en *Een kleine geschiedenis van de klassieke oudheid* (2012).

Omslagontwerp Tessa van der Waals
Foto omslag Fresco uit het Casa del Bracciale d'Oro, Pompeji
(detail) © Scala Archives, Florence
www.prometheusbertbakker.nl
ISBN 978 90 351 4438 5

Inhoud

Woord vooraf

De wereld van de klassieke oudheid mag dan verleden tijd zijn, de invloed daarvan ondergaan we nog steeds. We worden nog dagelijks geconfronteerd met de erfenis en de doorwerking van de 'Klassieken'. In de literatuur en de beeldende kunst wordt teruggegrepen op thema's en voorbeelden uit de oudheid, en vertalingen van klassieke auteurs laten zien dat deze ons nog altijd iets te zeggen hebben. Bij veel mensen blijft de kennis van de oudheid echter beperkt tot enkele politieke en culturele hoogtepunten. De kennis over het verloop van de geschiedenis in het klassieke Griekenland en Rome is bij velen weggezakt. Enige bezorgdheid over het verdwijnen van de kennis over de klassieke wereld en over de culturele traditie die daar gestalte kreeg is op zijn plaats. Met dit boekje nemen we de lezer mee door de geschiedenis van het oude Griekenland en Rome. We volgen de politieke gebeurtenissen en besteden aandacht aan de maatschappelijke, economische en culturele ontwikkelingen. Natuurlijk waren wij gedwongen in deze 'notendop' keuzes te maken en onderwerpen weg te laten. Bij het schrijven van dit boekje hebben wij ons gebaseerd op de tekst van een handboek dat wij eerder schreven: *Een geschiedenis van de oude wereld*.

Het Middellandse-Zeegebied van 1600 tot 1000 v.Chr.

In Griekenland en Italië bestonden rond 1600 voor Christus vrij eenvoudige boerengemeenschappen toen zich rond het oostelijk bekken van de Middellandse Zee al grote, centraal geleide rijken hadden ontwikkeld. Daar had zich al veel eerder de zogeheten Neolithische Revolutie voorgedaan, de overgang van voedselverzameling naar voedselproductie. In een proces van eeuwen had deze revolutie zich vanuit Mesopotamië verspreid over Europa en Azië. Tussen al die boerensamenlevingen bestonden grote verschillen. Drie grote rijken sprongen er rond 1600 v.Chr. uit.

Allereerst was er Egypte. Daar waren de Hyksos, een volk dat twee eeuwen eerder vanuit Azië Egypte was binnengevallen, de baas, maar rond 1600 kwamen ze onder vuur te liggen van de vorsten van het Egyptische Thebe, die hen eerst uit Opper-Egypte en ten slotte uit de Delta verjoegen. Deze Thebanen herstelden de eeuwenoude traditie van de farao's, en zorgden ook voor een ongekende expansie. In de vijftiende eeuw v.Chr. rukten ze op tot aan de Eufraat. Syrië en Palestina kwamen onder toezicht van de farao. De grootste omvang bereikte het zogenaamde Nieuwe Rijk van Egypte onder farao Toetmosis III (1468-1436).

Het tweede grote rijk was dat van de Mitanni, een volk dat de Hoerrieten, die al heel lang aan de Haboer, een zijrivier van de Eufraat, woonden, had verslagen. Hun militaire kracht was gelegen in het bezit van strijdwagens en paarden. Zij beheersten een gebied dat liep van het Zagrosgebergte via Noord-Syrië naar de Middellandse Zee.

Ten westen en ten noordwesten van het gebied van de Mitanni strekte zich het derde grote rijk uit, dat van de Hittieten. Hun stamland lag aan de overzijde van het Taurusgebergte, de Anatolische hoogvlakte. In de zeventiende eeuw v.Chr. was Hattoesas (het huidige Boghasköy) het centrum van het koninkrijk geworden. Het hoogtepunt van hun veroveringstochten was de verovering van Babylon, eeuwenlang het machtigste centrum in het Nabije Oosten. Kort daarop ging het Hittietenrijk echter tijdelijk ten gronde door paleisrevoltes. Babylon kwam in handen van de Kassieten, die zich in dat rijk handhaafden tot 1200 v.Chr.

In de veertiende eeuw voor Christus deden de Hittieten onder een koning met de intrigerende naam Soeppiloelioema opnieuw van zich spreken en kwam het tot een machtsstrijd in Syrië van de drie grote mogendheden. Aan het machtsevenwicht dat toen ontstond, kwam rond 1200 een einde door een grote volksverhuizing van de zogeheten Zeevolken, die overal de bestaande verhoudingen op zijn kop zetten. Zij kwamen uit Centraal-Europa en veroverden de westkust van Klein-Azië. Dat was nog maar het begin van een langdurige onrust in het oostelijk Middellandse-Zeegebied.

Als we de situatie in Griekenland in dezelfde periode vergelijken met die in het oosten, vallen de verschillen direct in het oog. Hier was geen sprake van een groot rijk. Rond 2100 waren de eerste Grieksssprekende volkeren het vasteland binnengevallen en hadden er een spoor van vernielingen getrokken. Later hebben ze zich waarschijnlijk vermengd met de lokale boerenbevolking.

Rond 1600 ontstond de Myceense beschaving, genoemd naar het belangrijkste centrum, Mycene op de Peloponnesus. In de veertiende eeuw vonden ingrijpende veranderingen plaats en verrezen in de meeste Myceense centra grote burchten. Zo'n burcht werd bewoond door de vorst en diende als de schuilplaats voor de bevolking van de omliggende dorpen. Hier zijn tabletten gevonden met het oudste Griekse schrift (lineair B), waarop de administratie van de overheid werd bijgehouden. De graven bij deze burchten wijzen op grote maatschappelijke verschillen. Er was een 'koning', een adelselite en er waren gewone onderdanen. De administratie toont een strak georganiseerde paleiseconomie; het paleis regelde de uitgifte van zaaigoed en beschikte over de opbrengsten daarvan en regelde eveneens de handel. Net als de grote rijken ten oosten van de Middellandse Zee kregen de Myceense vestigingen rond 1200 te maken met de invallen van de Zeevolken. De gevolgen waren catastrofaal: paleizen werden in brand gestoken en een periode van achteruitgang begon. In Griekenland keerde men weer terug tot een maatschappij van bescheiden boerendorpen.

In Italië kwamen rond 1600 groepen uit Centraal-Europa binnen die we de dragers van de Terremarecultuur noemen. Ze bouwden huttendorpen in de vlakten op kunstmatige, door grachten omgeven heuvels. Hoewel zij zelf voornamelijk de laagvlakten rond de Po bewoonden, strekte hun invloed zich veel verder uit. Hun gewoonten, zoals het verbranden van doden, werden door anderen overgenomen. Ze hadden echter weinig tot geen contact met de bergbewoners die zich in leven hielden met jacht, het weiden van vee en met primitieve landbouw.

Net zoals elders in de mediterrane wereld kregen de bewoners van het Italische schiereiland rond 1200 te maken met binnenvallende volkeren. Deze kwamen uit de Donaulanden en verspreidden zich over heel Italië. Ze leefden in open dorpen met, als het kon, een versterkte heuveltop in de buurt.

Griekenland van 1000 tot 479

De 'Donkere Eeuwen' 1000-800

Na de val van de Myceense paleizen trad in Griekenland een periode van chaos in. Op de Peloponnesus vestigde zich een Dorisch-Grieksspreken-de bevolking. Alleen in de afgelegen bergdorpen van Arcadië bleef de oudere taal, die redelijk overeenkomt met de taal van de Myceners, bewaard. In het centrale deel van Griekenland werd vooral Ionisch-Grieks gesproken en in het noordelijk deel Aeolisch. Na 1100 staken veel Grieken naar Klein-Azië over. Ze namen daar bezit van de rivierdalen aan de kust en introduceerden hun taal: in het noorden Aeolisch Grieks, in het midden Ionisch en in het zuiden Dorisch. Aanvankelijk woonden deze immigranten in kleine nederzettingen en verschansten zij zich achter een verdedigingswal om invallen te kunnen weerstaan. In deze periode was er zowel sprake van materiële achteruitgang als van vernieuwing. De tijd van de grootse burchten en de rijk voorziene graven was definitief voorbij. De belangrijkste vernieuwing was het gebruik van ijzer rond 1100.

Naast de breuk in de materiële cultuur veranderden ook de politieke en sociale verhoudingen. In de kleine gemeenschappen vormde zich een laag 'aristocraten' wier macht en aanzien op grootgrondbezit berustten. Persoonlijke macht werd hoog gewaardeerd in deze wereld; het gevoel voor status, voor eer, was allesoverheersend. In oorlogen vochten de aristocraten in zware wapenrusting tegen de aristocraten van de tegenpartij. In conflictsituaties in de eigen gemeenschap spraken ze recht. Ze hadden connecties met aristocraten in andere gemeenschappen via het uitwisselen van geschenken en onderlinge huwelijken. Door elkaar rijkelijk te onthalen probeerden zij goodwill voor de toekomst te kweken. Deze bovenlaag van de Griekse dorpen was de voorloper van de elite die later het politieke leven van Griekenland zou bepalen.

Behalve de aristocraten waren er ook 'vrije' boerenfamilies, die een stuk grond bezaten, dat voldoende opleverde om in leven te blijven. Verder waren er nog landarbeiders die te weinig grond voor eigen levensonderhoud bezaten en daarom ook in loondienst moesten werken op het land van de beter bedeelden. Ten slotte waren er slaven en 'theten'. Die laatsten bezaten geen grond en hoorden daarom niet tot een gemeenschap. In tijden van nood konden ze op niemand terugvallen. Zij verhuurden zich in de oogstperiode aan de bezitters van land en hoopten met de beloning de winter door te komen. De theet was er dan ook slechter aan toe dan de slaaf, die immers op de bescherming van zijn heer kon terugvallen.

In deze gemeenschappen was men in tijden van tegenslag van elkaar afhankelijk. Bij misoogsten kon de minder zwaar getroffen rijke familie, die wat beter tegen tegenslag was opgewassen, de buurman helpen via een lening van zaaigoed. De armere lener moest maar afwachten of de natuur hem gunstig gezind was, zodat hij zijn lening kon aflossen. Anders moest hij als tegenprestatie werken op het land van de geldverstrekker.

De opkomst van de poleis 800-500

Na 800 raakte de inmiddels weer gestabiliseerde maatschappij in beroering door nieuwe ontwikkelingen. De belangrijkste hiervan was waarschijnlijk de groei van de bevolking in de negende eeuw, waarvan de gevolgen op lokaal niveau doorwerkten. De inwoners van de nederzettingen waren georganiseerd op basis van verwantschap. Elke Griek hoorde tot een familie (*oikos*). Boven de familie stond een clan (*genos*), een aantal families die dezelfde voorvader meenden te hebben. Ten slotte hoorde men tot een *phyle*, de grootste groep. Bij gewapende conflicten stelde men zich in phylen op. Naast deze indeling naar drie niveaus was er ook nog de *phratria*, een aantal mannen, die zich strijdmakkers, broeders, noemden. Hoe de phratria zich verhield tot de oikos, genos en phyle is niet geheel duidelijk.

In de meest ontwikkelde streken creëerden de leidende families een politieke organisatie die los stond van de verwantschapsstructuur. De leiding was in handen van de adelraad. Daarnaast kwamen er ambten, die jaarlijks door anderen moesten worden vervuld. Zo'n gemeenschap, die zijn gebied wilde verdedigen in tijd van onenigheid en het gezag in theorie overliet aan de adellijke elite, noemen we een *polis*. De leden van die gemeenschap beschouwden zich als autonoom en regelden hun eigen zaken. Het bestuurswerk en het gemeenschapsleven in de nieuwe polis concentreerden zich op één punt binnen het gebied, meestal rond een heiligdom. Daar werden de grote feesten gevierd en verrezen de gemeenschappelijke gebouwen. Toen de economie gevarieerder werd, veranderde de aanblik van de stad, omdat naast de grootgrondbezitters en de kleine boeren groepjes handwerkslieden zich in aparte wijken gingen vestigen. Zo kende Griekenland rond 600 een aantal poleis met een ontwikkeld stedelijk centrum.

Vanaf 800 v.Chr. vormde de bevolkingsgroei een stimulans voor de landbouw. De opbrengsten moesten stijgen om het grotere aantal mensen in leven te houden. Men probeerde het landbouwareaal te vergroten en de opbrengst per hectare te verbeteren. Er zijn echter geen ingrijpende wijzigingen op landbouwgebied uit deze tijd bekend, zodat het totale effect van de grotere inspanning en intensievere bewerking van de grond niet al te groot kan zijn geweest.

De elite beschikte over de meeste grond en profiteerde het sterkst van de stijgende vraag, omdat zij meer kon uitgeven dan voorheen. Dit uitte zich vooral in de aanschaf van luxegoederen uit het Nabije Oosten. Niet alleen Phoenicische kooplui zorgden hiervoor; vanaf 800 v.Chr. concurreerden Griekse handelaren met de handelaren uit het oosten. Al snel werd duidelijk dat Grieken ook zelf in staat waren luxegoederen te fabriceren. Door deze ontwikkeling, die eveneens rond 800 inzette, werd de maatschappij in de Griekse steden gecompliceerder. Natuurlijk bleef het zwaartepunt liggen op de landbouw, maar er ontstonden geleidelijk groepen handelaren en handwerkers, die een plaats in de hiërarchie van de polis opeisten.

Iedere aristocraat streefde er voortdurend naar de ander te overtreffen en te laten zien dat hij de beste, de schoonste, de machtigste was. Door zijn positie in de gemeenschap kon een aristocraat rekenen op een aantal aanhangers: leden van zijn familie, van zijn genos en phratria, en van andere vrijen uit het gebied waar zijn bezittingen lagen. In ruil voor de steun van zijn volgelingen zorgde zo'n aristocratische leider voor bescherming. Omdat er geen onafhankelijke rechtspraak bestond, was het voor de gewone mensen goed over machtige vrienden te beschikken.

Door de bevolkingsuitbreiding en het onvermogen van de Griekse economie om te groeien ontstond na 800 een bevolkingsoverschot. Emigratie was het antwoord. Door de handel had men kennisgemaakt met de omringende wereld. In het oostelijke deel van de Middellandse Zee waren de mogelijkheden voor nieuwe nederzettingen gering vanwege de aanwezigheid van goedgeorganiseerde rijken. Ook de Noord-Afrikaanse kust liet weinig inmenging toe, omdat Egyptenaren en Carthagers daar hun belangen verdedigden. Veel meer mogelijkheden boden de kusten van Sicilië, Zuid-Italië en de Zwarte Zee.

De emigratie kende twee golven. Van 750 tot 650 v.Chr. richtten Grieken zich vooral op het westen van de Middellandse Zee, na 650 stond vooral het Zwarte-Zeegebied in de belangstelling. De kolonisatie werd meestal door één polis georganiseerd, maar het kwam ook voor dat inwoners van andere gebieden deelnamen aan zo'n kolonisatie. De nieuwe stichting trad op als een zelfstandige polis en onderhield alleen religieuze banden met de moederstad. Niet alle poleis hebben zich met kolonisatie beziggehouden. De meest actieve centra waren Chalkis en Eretria op Euboea, Milete en Phocaea in Klein-Azië en Corinthe op de Peloponnesus. De kolonisatie werd voornamelijk veroorzaakt door overbevolking, maar had grote gevolgen voor de handel, die profiteerde van het vergrote afzetgebied voor luxegoederen.

In deze periode veranderde ook de strijdwijze ingrijpend. Voor 700 werd er eigenlijk alleen gevochten door aristocraten die hun collega's uitdaagden tot een gevecht dat meestal uiteenviel in een aantal duels tussen afzonderlijke helden. Ze beschikten over werpspiezen en zeer lange schilden. Vanaf 700 v.Chr. maakte het grote schild plaats voor een kleiner en werden de werpspiezen verruild voor een lans. Daarmee deed de *hopliet* zijn intrede. Deze soldaten met hun nieuwe uitrusting vochten anders, niet meer in duelvorm, maar in linies (*phalanx*). Naast elkaar staand, waarbij iedereen de onbewaakte zijde van zijn buurman moest beschermen, vormden de soldaten van de phalanx een soort menselijke wal van schilden. Deze nieuwe manier van strijden vroeg om veel meer coördinatie, want een gat in de linie had desastreuze gevolgen. Aanvankelijk vormden alleen de aristocraten de phalanx, maar niet lang daarna gingen ook de wat rijkere boeren, die een hoplietenuitrusting konden betalen, meevechten. Het zelfbewustzijn van deze groep rijke niet-aristocraten nam daardoor toe.

Dit was ook de tijd van de grote wetgevers. In een aantal staten hoorde men de roep om optekening van de wetten, een stap vooruit in het staatsvormingsproces, omdat iedereen nu wist waar hij zich aan te houden had, ook al was dat niet voor iedereen hetzelfde. In de wetten weerspiegelde zich immers een wereld die door aristocraten werd overheerst. Het principe van gelijkheid voor de wet bestond niet.

In deze periode van snelle veranderingen verwierf in verschillende staten een aristocraat de alleenheerschappij. Zo'n alleenheerser wordt *tiran* genoemd, een benaming die niet Grieks is, maar een leenwoord uit Klein-Azië. Een van de elkaar bestrijdende aristocraten verwierf zo'n grote machtspositie, dat hij alle concurrenten kon uitschakelen. De tirannie heeft in het staatsvormingsproces van verscheidene steden een belangrijke rol gespeeld.

In de achtste eeuw ontstonden conflicten tussen poleis. De eerste oorlog in Griekenland die we kennen is die tussen Chalkis en Eretria, in het laatste kwart van de achtste eeuw. Beide steden maakten in die tijd een bloeiperiode door, getuige ook hun grote aandeel in de Griekse kolonisatie. De oorlog wordt de Lelantijnse genoemd, naar de vlakte die beide poleis scheidde. Wat de oorzaken en aanleiding voor deze oorlog zijn geweest en wie als winnaar kan worden beschouwd, is niet bekend. Veel meer is bekend over de buitenlandse politiek van de grotere staten van Griekenland: Sparta, Corinthe en Athene.

De soldatenstaat Sparta

De Spartanen, afstammelingen van de Doriërs, hadden zich in het zuidoosten van de Peloponnesus gevestigd en waren verbonden geraakt met de bevolking die er al woonde. Vóór 700 v.Chr. had Sparta zich gemanifesteerd als de krachtigste staat in dit gedeelte van de Peloponnesus. De Spartanen hadden hun landhonger niet gestild door grootscheepse deelname aan de kolonisatie maar door expansie. De omliggende gebieden moesten er een voor een aan geloven. Het grootste succes voor de Spartanen in deze vroege periode was de verovering van het zeer vruchtbare Messenië, westelijk van Sparta.

Van de organisatie van de Spartaanse staat en samenleving rond 600 v.Chr. weten we het een en ander, maar hoe de samenleving zo gegroeid was, blijft onduidelijk. In de door Sparta beheerste Peloponnesus waren de *Spartiaten* de baas. Zij waren de soldaten en ex-soldaten van de Spartaanse polis. Onder deze groep stond die van de *perioiken*, de bewoners van dorpen die door Sparta waren overwonnen. Zij konden geen deel uitmaken van de bestuursorganen van Sparta en mochten ook hun stem niet uitbrengen in de volksvergadering (*apella*). Wel mochten ze hun eigen gebieden besturen. Ten slotte waren er de *heloten*, de overwonnenen, die het het slechtst getroffen hadden. Ze waren collectief bezit van de Spartaanse polis en moesten een deel van de opbrengsten van het land dat ze bewerkten, afstaan aan de Spartanen. De term 'horigen' geeft hun status het best weer. Dankzij de heloten waren de Spartanen verzekerd van een continue aanvoer van levensmiddelen, waardoor ze in staat waren een geducht staand leger te vormen, dat de grondslag vormde voor de belangrijke rol die de Spartanen in de zesde, vijfde en vierde eeuw in heel Griekenland konden spelen.

De Spartaanse burgers (soldaten) noemden zich *homoioi*, de 'gelijken'. Dit betekende vooral gelijkheid in recht en plicht, maar niet dat alle Spartanen een gelijk bezit hadden. De Spartanen stelden hun hele leven in dienst van de polis. Jongens werden vanaf hun zevende jaar door de polis opgevoed en in groepen tot soldaat getraind. Het gemeenschapsleven van de hoplieten stond voorop. Een zeer belangrijke instelling was het *syssition*, een leefgemeenschap van ongeveer vijftien man, die in oorlog en vrede een eenheid vormde. In het levensonderhoud werd voorzien door vaste bijdragen van elk individu. Alle volwassen Spartanen konden in de regelmatige bijeenkomsten van de volksvergadering stemmen over voorgelegde voorstellen, maar het was niet mogelijk om erover te debatteren. De werkelijke macht lag bij de *gerousia*, een verzameling oude mannen van aristocratische afkomst, en de twee koningen. Terwijl in de rest van Griekenland het koningschap was verdwenen, hielden de Spartanen vast aan een systeem met twee koningen, die de legers aanvoerden. Voor de meeste andere uitvoerende taken was er een college van vijf *ephoren*, die werden gekozen door de volksvergadering. In de loop der tijd nam hun macht sterk toe. Soms leidde dit tot conflicten met Spartaanse vorsten die een politiek voorstonden die vooral was gericht op statusverhoging voor henzelf. In de meeste gevallen was er echter samenwerking tussen vorst en ephoren. Het ephoraat werd een zeer belangrijk ambt, maar de ephoren konden de staatsinrichting niet bedreigen, omdat ze slechts voor een periode van een jaar werden gekozen.

De Spartanen waren al in de achtste eeuw begonnen met een sterk expansieve politiek. Na de verovering van Messenië, aan het eind van de achtste eeuw, volgde er een lange periode van pacificatie, die eigenlijk pas in 600 v.Chr. werd beëindigd. Sparta geraakte in een langdurig conflict met Tegea, maar slaagde er niet in een beslissende overwinning te behalen. De oorlog eindigde met een verbond, waarin de afhankelijke positie van Tegea werd vastgelegd. Deze regeling werd de basis voor de verdere buitenlandse politiek van de Spartanen. De oude politiek van annexatie van gebied, die als groot nadeel had dat het te controleren gebied te groot werd voor het betrekkelijk geringe aantal (maximaal 9000) Spartiaten, werd opgegeven en vervangen door bondgenootschappen. Afhankelijkheid via een verbond was een oplossing die later ook door de Romeinen werd toegepast. De bondgenoten konden hun eigen zaken blijven regelen, behalve in de buitenlandse politiek. Na Tegea volgde nog een aantal andere steden, die toetraden tot de Peloponnesische Bond. De oude vijand Argos wist echter buiten de greep van de Spartanen te blijven.

De handelsstaat Corinthe

Een gesloten kaste van edelen, de familie der Bacchiaden, beheerste de polis Corinthe. Alleen zij konden ambten bekleden. Tijdens hun heerschappij hadden de Corinthiërs zich niet onbetuigd gelaten in de kolonisatie. Rond 800 woonden er al mensen uit Corinthe op Ithaca en omstreeks 734 stichtten inwoners van Corinthe Syracuse en Corcyra. De Bacchiaden bepaalden de politiek door hun superioriteit die was gebaseerd op landbezit en traditie. Ook al hebben ze nooit een echte handelspolitiek gevoerd, ze kregen te maken met een samenleving waarin handel en nijverheid naar Griekse maatstaven een grote rol speelden. Corinthisch aardewerk werd een veelgevraagd artikel.

Aan de succesvolle dynastie van de Bacchiaden werd een einde gemaakt door een familielid, Cypselus. Waarschijnlijk heeft hij bij zijn geslaagde poging om in 657 v.Chr. een tirannie te stichten hulp gehad van andere aanzienlijke niet-Bacchiaden. Zoals vele andere grondleggers van tirannendynastieën had hij een goede reputatie, wat niet gezegd kan worden van zijn zoon en opvolger Periander, die werd beschouwd als 'de zoon van de tiran'. Hij moest met harde middelen zijn gezag handhaven en wie zich tegen hem verhief, werd vernederd. Perianders zoon Psammetichus slaagde er slechts enkele jaren in aan het bewind te blijven en moest plaatsmaken voor een oligarchie met een raad van tachtig mannen, afkomstig uit verschillende aristocratische families.

Zeer waarschijnlijk zijn de troebelen in Corinthe aan de groep mensen buiten de elite voorbijgegaan. Het was de adel die om de macht vocht. Er zijn geen duidelijke aanwijzingen voor een politiek ten bate van bepaalde groepen als handelaren en pottenbakkers of hoplieten. Dit betekent niet dat er geen bewuste buitenlandse politiek werd gevoerd. Die werd echter door andere motieven bepaald. Vriendschappelijke relaties tot andere vorsten, neiging tot machtsvertoon, et cetera speelden een belangrijke rol. Wat dit betreft was er onder de Cypseliden weinig veranderd in vergelijking met de Bacchiaden. Via de Corinthische kolonies langs de westkust van Griekenland had men veel belangen in het westen. Bovendien stichtte de polis onder de tirannie van Periander de stad Potidaia, in het noordoosten op de Chersonnesus.

De democratie van Athene

De polis Athene strekte zich uit over een zeer groot gebied. Wanneer Athene en het omliggende Attica tot een eenheid zijn gekomen, is niet bekend. In de oudheid zelf sprak men over de mythologische held Theseus, die ooit de *synoikismos*, de vereniging van alle delen, tot stand had gebracht. Athene had niet deelgenomen aan de kolonisatie voor de bevolkingsgroei. Blijkbaar bood de grote vlakte van Attica een afdoende oplossing. Het bestuur van Athene was net als in vele andere plaatsen eerst in handen geweest van een koning, maar die had plaats moeten maken voor een aristocratisch bewind. De adelraad heette hier de *Areopagus*. Het hoogste ambt, dat voor een periode van één jaar werd bekleed, was het archontaat. In totaal kende men negen archonten, die na hun ambtsperiode automatisch in de Areopagus kwamen. Aanvankelijk was de toegang tot de ambten beperkt tot een gesloten adelkaste, de Eupatriden.

Tegenstellingen binnen de adel deden zich ook in Athene voor. Er is één vroege poging tot tirannie, omstreeks 630 v.Chr., overgeleverd. Kylon, een schoonzoon van de tiran van Megara, probeerde tevergeefs de macht te grijpen. Kort daarop, in 621 v.Chr., kwam er een wetgever, Draco genaamd, die wetten optekende en de bloedwraak afschafte.

Pas vanaf 600 kunnen we ons een enigszins samenhangend beeld van de Atheense geschiedenis vormen. In 594 werd een lid van de oude Atheense adel, Solon genaamd, gekozen tot 'verzoener', wat erop wijst dat er problemen waren. Vlak voor het optreden van Solon waren de Atheense rijken overgegaan op een hard beleid ten opzichte van hun schuldenaren. Wie zijn schuld niet kon aflossen, raakte in een soort horigheid op zijn eigen land en moest een zesde deel van de opbrengst aan zijn 'weldoener' afstaan. In een niet-expansieve economie is deze situatie zeer bevredigend voor de verstrekker van de lening, omdat hij zo zeggenschap kan krijgen over meer grond, waardoor hij meer status krijgt. In het laatste kwart van de zevende eeuw was het geregeld voorgekomen dat boeren die in deze afhankelijkheid terecht waren gekomen, als slaaf in het buitenland waren verkocht. Solon vond dat hiermee de belangen van de polis niet waren gediend en verbood dat in de toekomst een Athener tot slaaf werd gemaakt; ook het aangaan van leningen met personen als onderpand werd niet meer toegestaan.

Naast deze *seisachteia* (het afschudden van de lasten) bedacht Solon ook een nieuw politiek systeem. Hij verdeelde de Atheners in vier vermogensklassen. Het belangrijkste ambt, dat van *archont*, was van nu af aan weggelegd voor leden van de rijkste groep. Daaronder was een tweede vermogende groep, de *hippeis*, die in staat werden geacht een ruiter voor de strijd uit te rusten. In deze tijd was dit eigenlijk al een archaïsche term geworden. De kern van het Atheense leger bestond toen uit hoplieten, zwaarbewapende soldaten. De derde groep was die van de *zeugieten* (hoplieten), die zich een hoplietenwapenrusting konden veroorloven. De rest werd *theten* genoemd. Door de politieke functies te verdelen over deze op bezit gebaseerde groepen werd het politieke monopolie van de *Eupatriden* (de gesloten kaste van de oude Atheense adel) doorbroken, maar de onmiddellijke gevolgen ervan dienen niet te worden overschat, omdat de Eupatriden nog steeds in het centrum van de macht opereerden. Voor enkele rijke niet-Eupatriden werd de weg naar het archontaat én de Areopagus opengelegd. Vooral met het oog op de toekomst was deze maatregel van Solon van grote betekenis.

Solon, die een open oog had voor de economische aspecten, verbood de uitvoer van graan. Om de economie van Athene te stimuleren, nodigde hij handwerkslieden van buiten uit zich in Athene te vestigen. In deze tijd kwam de export van olijfolie en wijn goed op gang.

Solon had de tirannie voor het grijpen, maar hij heeft die mogelijkheid nooit serieus overwogen. In latere gedichten beriep hij zich erop dat hij het volk (de *demos*) de plaats had gegeven die het toekwam. Waarschijnlijk bedoelde hij hiermee de rechten die de Atheense volksvergadering kreeg. Als er vóór Solon al een volksvergadering was, kreeg zij nu pas een welomschreven positie op politiek en juridisch gebied. Solon bepaalde dat de volksvergadering kon optreden als hof van beroep bij de vonnissen van archonten. Als de volksvergadering rechtsprak, had zij de naam *Heliaia*. Solon wist heel goed dat de raadpleging van de politiek geïnteresseerden in de volksvergadering een goede zet was, ook al lag de werkelijke macht nog bij de Areopagus.

De aristocraten bleven elkaar nog steeds beconcurreren in hun streven de beste te willen zijn. De uiterste consequentie daarvan was de tirannie. Pisistratus slaagde er in 546 v.Chr. in om tiran te worden, nadat twee eerdere pogingen met steun van de armere boeren uit zijn eigen district (de heuvels) en een aantal bewoners van de stad waren mislukt. Maar deze steun was niet voldoende tegen de gebundelde hoplietenkrachten van zijn Atheense mededingers, die respectievelijk de 'vlaktepartij' en de 'kustpartij' aanvoerden en dus op rijkere gebieden steunden dan Pisistratus. Toen hij echter tijdens zijn verbanning naar Thracië de beschikking kreeg over de opbrengsten uit de goudmijnen in het Pangiongebergte, was hij in staat een huurlingenleger op te zetten, waarmee hij een geslaagde poging deed.

Toen Pisistratus tiran was geworden, pakte hij het agrarische probleem aan. Solon had de schuldslavernij wel opgeheven maar het leningenprobleem niet. Wat kon een boer die in schulden was geraakt, anders doen dan naar de stad vertrekken en daar in leven proberen te blijven? De boeren kwam hij te hulp met subsidies die werden betaald uit een belasting op de agrarische productie. Daarnaast stimuleerde hij ook de nijverheid in de stad om de ex-boeren, die nu in de stad hun heil zochten, aan werk te helpen. Voorts organiseerde hij een rechtspraak van rondreizende rechters. Daarmee tastte hij het automatische leiderschap van de adel aan. Een deel van de adel werd verbannen.

De stad werd steeds meer het middelpunt van alle polis-activiteiten. Pisistratus liet de Agora, waar hij zelf ging wonen, verfraaien en maakte deze plaats tot het centrum van een reeks festiviteiten ter ere van Athene. De eerste officiële opvoering van een 'drama' vond er plaats in 534 v.Chr. Vóór Pisistratus' optreden was men al begonnen met de bouw van monumentale bouwwerken in Athene: de Athenetempel op de Acropolis. Deze activiteiten moeten worden verbonden met het streven van de aristocraten hun naam te vereeuwigen. De schaal waarop de tiran zijn activiteiten ontplooide, overtrof echter alles. Hij trok een aantal kunstenaars aan en gaf schrijvers opdracht de homerische epen op te tekenen.

Pisistratus is de geschiedenis ingegaan als een geliefd tiran. Hij tastte de constitutie van Solon niet aan, hoewel hierin geen plaats voor een tiran was ingeruimd. Voor de Atheense boeren, die aan zijn sociale politiek veel te danken hadden, was hij een geweldenaar. Hippias, zijn zoon, miste het charisma van zijn vader, omdat hij niet kon bogen op een spectaculair optreden op het historisch juiste moment. Hij kreeg de macht in 521 v.Chr. in de schoot geworpen en klampte zich er krampachtig aan vast. Toen zijn broer Hipparchus in 514 vanwege een privé-onenigheid met twee andere Atheense aristocraten werd vermoord, verstarde het regime van Hippias. Tegen het tirannieke bewind kwam een bundeling van de krachten van de adel tot stand, onder leiding van de Alcmeoniden, een oud-Attisch geslacht, die in de laatste jaren van de tirannie in verbanning waren gegaan. Ze probeerden in het buitenland steun te verwerven voor een bevrijdingsleger. Dit mislukte, totdat ze het orakel van Delphi (zie p. 29) wisten om te kopen. In ruil voor een nieuwe Apollotempel beloofden de priesters van het heiligdom hulp. Telkens als Spartaanse gezanten raad kwamen vragen, meldde het orakel dat het de Spartanen niet eerder kon helpen dan na de verdrijving van de tiran van Athene. Met behulp van een Spartaans leger verdreven de ballingen de tiran in 510. Aanvankelijk leek het erop dat de edelen weer als vanouds in onderlinge concurrentie zouden bepalen wie de belangrijkste was. De leider van de machtige clan der Alcmeoniden, Clisthenes, doorbrak echter de aristocratische factiepolitiek door een democratie in te stellen. Hij stelde zich aan het hoofd van een *clientela* die bestond uit traditionele aanhangers van de Alcmeoniden en de volgelingen van Pisistratus, vooral de bevolking van de stad Athene. In ruil voor de steun van de stadsbewoners ontwikkelde Clisthenes een politiek systeem waarin voor hen een belangrijke plaats was gereserveerd. De echte verliezers waren de edelen. Als ze voortaan een vooraanstaande rol wilden spelen, moesten ze voldoende steun in de stad verwerven.

Clisthenes verdeelde Attica in drie delen: de stad, de kust en de vlakte. Elk deel splitste hij op in tien kleine eenheden. Zo had hij dus dertig districten. Vervolgens verbond hij telkens één district uit de drie delen, zodat hij tien nieuwe eenheden kreeg, die hij phylen noemde. Van elke Atheense burger werd vastgelegd tot welke phyle hij behoorde. Hiertoe werd hij ingeschreven in een *deme*, een soort gemeentelijk centrum dat een eigen administratie bijhield, een religieuze eenheid vormde en eigen feesten kende. Het totale aantal demen bedroeg ten tijde van de grootste bloei van Athene meer dan honderd. De indeling van de burgers die in 510 v.Chr. werd gemaakt, bleef gelden. Als men dus na die tijd verhuisde naar het gebied van een andere deme, bleef men lid van de oorspronkelijke deme. Vaders presenteerden hun zonen op achttienjarige leeftijd bij de deme, die hen vanaf dat moment als volledig Atheense burgers erkende, mits er geen bezwaren werden aangebracht door de andere leden van de deme.

De indeling in tien phylen werd de basis van de Atheense staatsinrichting. De phylen kozen uit hun midden kandidaten voor een plaats in de *Boulè*, de raad waarin onder meer de agenda van de Atheense volksvergadering werd voorbereid. Alle phyleleden die meer bezit hadden dan de grens die theten van zeugieten scheidde, en ouder dan dertig jaar waren, konden op een groslijst worden gekozen, waaruit vervolgens via loting een vijftigtal leden werd geselecteerd. De Boulè bestond dus uit tienmaal vijftig man. De leden mochten niet meer dan twee jaar (maar niet aaneengesloten) zitting hebben. De routinekwesties werden geregeld via preadviezen aan de volksvergadering, maar beleidsbepaling was voorbehouden aan de volksvergadering.

De Boulè had de plicht om de financiën en de gedragingen van staatsdienaren te controleren. Het dagelijks bestuur van Athene kwam in handen van een *prytanie*, bestaande uit de vijftig Boulèleden van één phyle, die gedurende een tiende jaar als bestuurscommissie optraden. De prytanie rouleerde, zodat alle phylevertegenwoordigingen gedurende één termijn de lopende zaken waarnamen. Het zwaartepunt binnen de Atheense democratie lag bij de volksvergadering, de *ekklesia*. Het Atheense volk in vergadering bijeen had beslissingsbevoegdheid op bijna alle terreinen. Alle burgers hadden toegang tot de vergadering zonder aanzien des persoons. De stem van een theet telde even zwaar als die van een rijke aristocraat.

De Atheense volksvergadering koos ambtenaren, die allen specifieke taken hadden. Zo waren er ambtenaren voor de organisatie van grote festivals en andere voor de inrichting van publieke gebouwen. De positie van ambtenaar vormde geen basis voor grote macht. De collegialiteit (altijd meer dan één ambtenaar voor dezelfde taak) en de ambtstermijn van één jaar voorkwamen een te grote machtsconcentratie.

Ook aan de militaire organisatie lag sinds circa 500 de tiendeling ten grondslag. Het leger bestond nu uit tien afdelingen, één uit elke phyle. Bovendien werd uit elke phyle een *strategos*, een generaal, gekozen. De tien generaals voerden het Atheense leger aan. Meestal werd een van hen de natuurlijke leider, die nooit gekozen werd, maar door speciale kwaliteiten zijn collega's overvleugelde. Het strateegschap werd via verkiezing zonder loting verkregen en was onbeperkt toegankelijk. Politici die in Athene een rol wilden spelen, moesten zich tot generaal laten kiezen. Dat geldt zeker voor de jaren na 487 v.Chr., toen een wijziging in de keuzeprocedure van de archonten werd ingevoerd. In plaats van een directe keuze kwam er nu een tweetrapsverkiezing. Alle tien phylen kozen uit de kandidaten (de twee hoogste censusgroepen van Solon) tien personen. Uit de honderd kandidaten werden er dan tien door loting archont. Omdat het archontaat maar eenmaal mocht worden vervuld, daalde het aanzien van het ambt, zeker in vergelijking met de functie van strateeg, waarvoor men wel jaarlijks herkozen kon worden.

Grote commissies uit de volksvergadering, met 501 of 1001 leden, konden als volksrechtbank (heliaia) optreden. Moordzaken bleven voorbehouden aan de Areopagus, de raad van ouden en wijzen. Nu ook de archonten gekozen (en later geloot) werden, veranderde de Areopagus langzaam van samenstelling, omdat ook de nieuwe adel er een plaats in kreeg.

De regeling van Clisthenes was zeer ingenieus. Toch zou het naïef zijn om bij de formele structuur te blijven staan. Politiek bedrijven bleef in eerste instantie een zaak van de aristocratie, en tot aan het einde van de vijfde eeuw waren de meeste vooraanstaande politici afkomstig uit de adellijke geslachten. Omdat hun vaders en voorvaders de hoogste posities hadden bekleed, waren de zonen op hun beurt weer de eerst aangewezenen voor de leidende rollen. Wel kregen alle leden van de elite te maken met een steeds krachtiger democratische traditie. Wie wat wilde bereiken, moest zich bij het feit van de democratie neerleggen. Tegen lieden die van zins waren om weer een nieuwe poging te wagen een tirannie in Athene te vestigen, werd een wet op het *ostracisme* aangenomen. Elk jaar werd op een vaste datum aan de Atheense volksvergadering de vraag voorgelegd of zij een stemming wenste over de verbanning van een Athener. In geval van een positieve beslissing werd in een latere vergadering gevraagd de naam van diegene die men wilde verbannen op een scherf te krassen. Wiens naam het meeste voorkwam op de scherven werd voor tien jaar uit Athene verbannen, met behoud echter van zijn bezit.

De cultuur van de poleiswereld

Net zo veel dynamiek als in de politiek vinden we ook in de Griekse cultuur. Omdat Griekenland zo verbrokkeld was, ontstonden er duidelijk lokale culturen. Toch waren er ook onderdelen van de beschaving die voor alle bewoners van Griekenland, de eilanden en de gekoloniseerde gebieden eenzelfde betekenis hadden, waardoor men ondanks de politieke versplintering toch kon spreken van één Griekse cultuur. De drager van deze algemeen-Griekse cultuur was vooral de Griekse adel, wiens politieke horizon niet ophield bij de grenzen van de eigen polis. Zij waren via gastvriendschappen en huwelijken onderling verbonden en kenden dezelfde aristocratische waarden.

Alle Grieken waren onderling verbonden door de taal. Ook al sprak men een aantal dialecten, de taal vormde nooit een onneembare barrière. Het verschil met een niet-Grieksprekende werd snel beseft. Wie het voor Grieken onbegrijpelijke 'bar-bar' uitkraamden, werden 'barbaren' genoemd. Aanvankelijk was dit louter een term om te onderscheiden tussen Griek en niet-Griek, maar allengs werd er ook een waardering mee onder woorden gebracht: Grieks was oneindig veel beter dan barbaars.

Alle Grieken wisten dat het leven niet louter een zaak van mensen was, maar mede bepaald werd door hogere machten. De Griekse boeren kenden hun eigen beschermgoden, wier hulp kon worden afgesmeekt door het aanbieden van offergaven. Elke familie had zo'n 'eigen' god. De nieuwe politieke eenheid, de polis, werd ook toegewijd aan een speciale godheid. Veel theologie die tot doel had exacte begripsbepaling van de goden te verschaffen, was er niet. Bovendien was er geen centrum van gezagsdragers dat toezag op de orthodoxie, en evenmin was er een 'heilig' boek. In de schriftloze samenleving werd kennis van religie en de goden van generatie op generatie overgedragen.

In de wirwar van tradities hebben de grote Griekse dichters van deze periode, Homerus en Hesiodus, enige ordening aangebracht. Vooral de theogonie van Hesiodus is in dit kader van belang. Ook in andere culturen kent men het verschijnsel dat de godenwereld geordend wordt via het procédé van de stamboom. De theogonie begint met een oorspronkelijke god of een godenpaar. Vervolgens wordt een reeks goden als kinderen van de 'oer'-goden betiteld, die op hun beurt weer een nieuwe generatie voortbrengen. Dit gaat zo nog een aantal malen door totdat alle bekende goden ondergebracht zijn in een sluitend familiesysteem.

Ook in de homerische verhalen spelen goden een belangrijke rol. De onsterfelijke goden, die als een ruziemakende familie op de Olympus worden voorgesteld, lijken sterk op de elkaar bestrijdende aristocraten, hebben een menselijke gestalte en ook verder is niets menselijks hun vreemd. Er waren twaalf Olympische goden, elk met een eigen verantwoordelijkheid: Zeus was de oppergod, de god van het uitspansel en de handhaver van de maatschappelijke orde; Hera, zijn zuster en echtgenote, was de beschermster van huwelijk en geboorte; Poseidon was de god van de zee; Hermes was de god van reizigers en kooplieden en de bode van de goden; Hestia was de godin van het haardvuur, de beschermgodin van huis en haard; Hephaistus was de god van het vuur; Demeter was de godin van de landbouw; Athene, de dochter van Zeus, was de godin van de wijsheid en vrouwelijk handwerk en tevens oorlogsgodin; Ares was de god van het krijgsbedrijf; Artemis was de godin van de jacht en tevens vruchtbaarheidsgodin; Aphrodite was de godin van liefde en schoonheid; Apollo was de god van het reinigend licht, de schenker van bezieling en rust en god van de geneeskunst.

De lage verwachtingen van de Grieken over een leven na de dood komen in de verzen duidelijk naar voren. Pas in de grote crises van de zevende en zesde eeuw komt een stroming op die in het leven na de dood een straf voor een slecht leven en een beloning voor goed leven ziet. Vooral de mysteriegodsdiensten, waarvan die van Eleusis de bekendste was, hebben deze zienswijze verbreid.

Alle Grieken erkenden de betekenis van orakels, waarvan sommige een 'nationale' ja zelfs 'internationale' betekenis verwierven. De bekendste plaats waar men de godheid om raad kon vragen was Delphi. Bij het Apolloheiligdom kon men de priesters vragen voorleggen, waarna de Pythia, een priesteres, in trance allerlei kreten slaakte. De priesters 'vertaalden' de boodschap van Apollo in verstaanbaar, maar niet eenduidig Grieks. Het orakel van Delphi speelde een zeer belangrijke rol in de Griekse kolonisatie, toen poleis het orakel om advies kwamen vragen. Ook was het oordeel van Apollo van belang in politieke affaires, want in de voorbereiding van oorlogen wilden de partijen bovennatuurlijke hulp.

De 'wereldlijke' zaken van het orakel werden geregeld door een raad van *amphiktyonen*, de poleis die in de omgeving van het orakel lagen. Met de groeiende betekenis van de orakelplaats wonnen ook deze amphiktyonen aan status. Als het orakel door vijanden werd bedreigd, werd door hen een Heilige Oorlog uitgeroepen. Delphi en de andere orakelplaatsen profiteerden sterk van hun naam. In de nabijheid van de heilige plaatsen verrezen vele schatkamers, de zogeheten *tholoi*, die uit dankbaarheid door de mensen en poleis die hun heil hadden gevonden bij het orakel, waren opgericht. De schatkamers puilden uit van de geschenken die dankbare 'gelovigen' aan hun favoriete raadgever hadden geschonken.

Pan-Helleens waren ook de Spelen, die waren voortgekomen uit religieuze feesten bij de heiligdommen van belangrijke goden. De bekendste zijn die van Olympia, die eenmaal per vier jaar ter ere van Zeus werden gehouden. Aanvankelijk bestond het programma uit worstelen, boksen, atletiek en wagenrennen, later werden dans, literatuur en redenaarskunst eraan toegevoegd. De deelname stond alleen open voor Grieken. In de beginfase, toen de adel nog alles en de polis zeer weinig voorstelde, waren de deelnemers uitsluitend aristocraten. Hun levenswijze was bepalend voor het karakter van de sport. Alleen het winnen telde. Wie verloor, leed gezichtsverlies. Een 'eervolle' tweede plaats kwam in hun denkpatroon niet voor. Het 'aristocratische' onderdeel bij uitstek was het wagenrennen. Alleen rijken kwamen hiervoor in aanmerking, omdat het onderhoud van een span paarden in het arme Griekenland slechts was weggelegd voor de 'happy few'. Uiteraard betekende een overwinning een enorme verhoging in aanzien. Toen de poleis belangrijker werden, namen ze de waarden van de adel over en werden de Spelen zowel voor de adel als voor de poleis een belangrijk evenement. De 'professionals', betaalde niet-adellijke specialisten, betraden vanaf de vijfde eeuw namens een polis het strijdperk. De roem van de overwinnaar straalde immers af op de polis als geheel, en de polisburgers waren bereid 'hun' olympische winnaar daarvoor rijkelijk te belonen.

De oudste bewaarde literatuur is het werk van Homerus, te weten de *Ilias*, waarin een periode van vijftig dagen uit de veldtocht van de Achaeën tegen Troje wordt bezongen, en de *Odyssee*, het verhaal over de langdurige thuisreis van Odysseus na de val van Troje. Om een goed beeld te krijgen van de functie van deze heldendichten moet men bedenken dat het werken zijn die in een schriftloze samenleving zijn ontstaan, waar plaats was voor barden, die in staat waren zeer omvangrijke verhalen te reciteren, of liever te 'creëren'. Omdat er geen vastgelegde tekst was, schiep de verteller telkens een nieuwe tekst, ook al bleef de strekking van het verhaal vaak dezelfde. Het is gezien het bovenstaande niet erg zinnig om te speculeren over de vraag of er één of meerdere auteurs van de epen zijn geweest. Vele barden hebben hun bijdrage aan de definitieve tekst geleverd.

De invloed van Homerus op de latere Griekse literatuur is onomstreden. Zijn werk werd de cultuurbijbel van de Grieken. Aanvankelijk was Homerus het voorbeeld voor verhalenvertellers, en de vorm, rijm en heroïsche stijl lagen vast tot ongeveer 650 v.Chr. Toen ontstonden nieuwe vormen van poëzie, waarin de persoon van de dichter nadrukkelijker doorklinkt en de aandacht mede gericht wordt op de omringende wereld. Terwijl Homerus een lang vervlogen tijd van heroën als onderwerp had, schreven Solon en Theognis van Megara over de problemen van hun eigen tijd. De literatuur bleef echter sterk aristocratisch gericht en dus een weerspiegeling van een wereld die door edelen werd beheerst. De laatste grote dichter van de oude aristocratische wereld was Pindarus, die lofdichten maakte op en voor de vijfde-eeuwse edelen.

De invoering van het schrift bracht een verandering teweeg op het terrein van de mythen. Mythen zijn traditionele verhalen die in schriftloze samenlevingen worden verteld en waaraan grote betekenis wordt gehecht door de verteller en de luisteraar. Evenals bij de Griekse religie is er geen sprake van dat contradicties voor de Grieken hinderlijk waren. Rond 600 v.Chr. vond echter een ingrijpende culturele vernieuwing plaats in de Griekse poleis van Klein-Azië. Daar ontstond bij filosofen, 'liefhebbers van de wijsheid', kritiek op de mythen. Op hun vragen naar de oorsprong van de kosmos vonden zij in de mythen geen bevredigende antwoorden meer. Een nieuwe denktrant ontstond toen men verklaringen wilde geven die niet onderling strijdig waren en ook overeenstemden met datgene wat men in die tijd meende waar te nemen. Het feit dat sommigen kritisch tegenover de overgeleverde mythen gingen staan en rationeel en empirisch te werk wilden gaan, is van historische betekenis geweest. De aandacht van deze 'filosofen' ging voornamelijk uit naar de kosmos.

Naast de poging een rationele verklaring voor natuurlijke verschijnselen te vinden, was ook de nadruk op de empirie van grote betekenis. De eerste geografie, de systematische land- en volksbeschrijving, had eveneens haar oorsprong in de Ionische steden van Klein-Azië. Makkelijker dan bij het rationele denken is hier een verbinding te leggen met de behoeften van de tijd. De sterk opbloeiende scheepvaart van de Ioniërs maakte een adequate kennis van de wereld noodzakelijk.

De Griekse wereld veranderde ook uiterlijk ingrijpend, omdat de verstedelijking toenam. Vanaf de achtste eeuw treft men weer monumentale bouwwerken aan in Griekse gebieden. Aanvankelijk was het ook hier de adellijke elite die de toon aangaf, maar later nam de polis op dit terrein de aristocratische idealen en praktijken over. De materialen waarmee huizen en tempels gebouwd zijn, waren van eigen bodem. De tempels waren de woningen van de goden en hadden religieus gezien een secundaire betekenis. De religieuze handelingen vonden plaats vóór de tempel op het daar opgestelde altaar. Er worden in de monumentale bouw twee stijlen onderscheiden: de Dorische en de Ionische. De eerste ontwikkelde zich op het Griekse vasteland, terwijl de tweede in Klein-Azië tot bloei kwam.

Grieken in Klein-Azië en op Sicilië

De politieke verhoudingen konden zich in Griekenland autonoom ontwikkelen, omdat er in de periode van 1050 tot 500 geen buitenlandse inmenging plaatsvond. Er was geen grote mogendheid in het Nabije Oosten die in staat was zich naar het noordwesten te richten. De Griekse steden in Klein-Azië kregen echter in de achtste eeuw v.Chr. te maken met de Phrygiërs. Dit volk in het centrale deel van Klein-Azië nam, toen het veel machtiger, oostelijker gelegen Assyrische rijk een moeilijke tijd doormaakte, de gelegenheid te baat om zijn macht naar het westen uit te breiden. Al snel eisten de Assyriërs weer alle aandacht van de Phrygiërs op en bonden de Phrygiërs in.

De Griekse steden breidden zich in de achtste eeuw uit, maar hoefden toen hun heil niet in kolonisatie te zoeken. De grondoppervlakte in de riviermondingen was voldoende om de bevolkingsdruk op te vangen. In de zevende eeuw echter was de noodzaak om te koloniseren er wel. Milete, de belangrijkste polis in Klein-Azië, werd de moederstad van vele nieuwe vestigingen, vooral in het Zwarte-Zeegebied.

In de zevende eeuw werd Lydië een krachtig rijk, dat de Griekse steden onder druk zette. Na de val van het Assyrische rijk in 612 bleef in Klein-Azië Lydië de grootste macht ten westen van de rivier de Halys; ten oosten van dit gebied lag de invloedssfeer van de Meden, wier oorsprong in Perzië lag. Sinds 612 v.Chr. heersten zij, behalve over Iran, ook over het noorden van Mesopotamië, Syrië en het oosten van Klein-Azië. De Meden streefden naar uitbreiding van hun heerschappij naar het westen. Omstreeks 550 v.Chr. echter slaagde Cyrus, de leider van de aan de Meden verwante Perzen, erin koning van beide volken te worden. Hij zette de expansieve plannen in daden om. In 546 v.Chr. versloeg zijn leger de Lydische troepen en voegde daarmee heel Klein-Azië bij het Perzische rijk. De Griekse steden kwamen nu onder Perzisch bewind. Jaarlijks moesten de steden schattingen betalen. Nadat de rest van de Griekse wereld zich vijfhonderd jaar veilig had geweten voor invallen van machtige niet-Grieken, was er nu een reële dreiging uit het oosten.

In het westen van de Griekse wereld, op Sicilië en in Zuid-Italië, waar zich sinds ca. 750 v.Chr. veel Grieken in diverse nederzettingen hadden gevestigd, ondervond men in de zesde eeuw veel tegenstand van Carthago, een Phoenicische kolonie op de noordkust van het huidige Tunesië, die zich in snel tempo had ontwikkeld en handelsposten had gesticht op Sicilië. Daar botsten de Carthagers op de Griekse steden die in het zuiden en oosten van Sicilië waren gesticht. Carthago kreeg het westen van Sicilië in bezit en heel Sardinië.

Op het vasteland van Italië kwamen de Grieken in conflict met de Etrusken. Hun stedenbond was niet van plan om de Griekse uitwaaiering verder te dulden. De Grieken kregen de eerste duidelijke waarschuwing uitgedeeld omstreeks 540, toen Carthagers en Etrusken een verbond sloten tegen Alalia, een Griekse vestiging op Corsica. Voor de kust van deze polis werd een zeeslag geleverd die in een grote overwinning van de verbondenen eindigde.

Perzische Oorlogen

De Perzische koning Darius voerde aanvankelijk een bescheiden expansiepolitiek in de landen rond de Aegeïsche Zee, maar in 514 ondernam hij een grootscheepse expeditie naar het gebied ten noorden van de Bosporus tegen de Skythen. Hij kwam tot voorbij de Donau, waar zijn leger een nederlaag leed. Na de terugtocht werd Thracië, het gebied tussen de Hellespont en de Donau, ingelijfd en tot satrapie gemaakt. Na dit gedeeltelijke succes – immers, het hoofddoel van de expeditie was de bestrijding van de Skythen – liet Darius zich voorlichten over de situatie in Griekenland. In 499 deed hij een poging het Griekse eiland Naxos te veroveren. De bedoeling was om stapsgewijze geheel Griekenland in bezit te krijgen. De expeditie mislukte en de vloot keerde onverrichter zake naar Klein-Azië terug. Op dat moment kwam Aristagoras, de tiran van Milete, in opstand tegen de Perzen. Hij beschikte over een grote vloot en zocht steun op het Griekse vasteland. Alleen Athene en Eretria gingen in op zijn verzoek. De Ionische opstand kwam in 495 v.Chr. in de zeeslag bij Lade, een eilandje voor de kust van Milete, tot een einde met de overwinning van de Perzen. In het volgende jaar werd Milete ingenomen en was de oude situatie hersteld.

In 492 arriveerde Mardonius, de schoonzoon van Darius, in de nieuwe Thracische satrapie. Zijn opdracht was het rijk geleidelijk in westelijke richting uit te breiden, maar hij ondervond ernstige tegenslag, toen de vloot, die zijn acties op het vasteland ondersteunde, bij de berg Athos op de klippen sloeg. In 491 besloot Darius een veroveringstocht naar Griekenland te maken. De hulp van Athene en Eretria in de Ionische opstand was het voorwendsel. In 490 vertrokken de Perzen – ongeveer 20.000 in getal – met een vloot naar centraal Griekenland, waar eerst Eretria werd verwoest. Vervolgens landden ze in Attica op de oostkust. De Atheners verlieten de stad en trokken op naar Marathon, waar de legers zich tegenover elkaar opstelden. Een van de Atheense generaals, Miltiades, gaf het advies om niet de komst van de Spartanen af te wachten, maar direct aan te vallen, met groot succes. De Perzen scheepten zich na hun nederlaag snel in en hoopten de stad Athene, die niet werd verdedigd, te verrassen. Omdat de Atheense troepen echter onmiddellijk na de slag waren teruggekeerd, waren ze op tijd om verder onheil te voorkomen. De leiders van de Perzische vloot konden weinig anders doen dan terugkeren en de vorst aller vorsten melden dat zijn dienaren hadden verloren.

Uiteraard kon Darius deze smet op zijn blazoen niet negeren, en koos hij voor een andere strategie, de verovering over land vanuit het noorden. De voorbereidingen kostten echter enige jaren. Bovendien brak in 486 v.Chr. een opstand uit in Egypte. Terwijl de Perzen zich met succes aan de bestrijding hiervan wijdden, overleed de grote koning, de man die de organisatorische grondslag had gelegd voor het Perzische imperium.

Xerxes nam de politieke doelen van zijn vader over en trok een lange periode van voorbereiding uit voor het uitrusten van een enorm groot leger. In Griekenland bereidde men zich eveneens voor op een confrontatie die zou beslissen over het voortbestaan van de wereld van de poleis. De belangrijkste staat was nog steeds Sparta, maar het prestige van Athene was sterk toegenomen. In Athene stelde Themistocles, de 'coming man' in de Atheense politiek, in 483 voor een geweldige oorlogsvloot te bouwen. Hij kon dit voorstel doen, omdat juist in dat jaar in het Attische

Lauriongebergte, waar al langer zilver werd gewonnen, een buitengewoon rijke ader was aangetroffen. Themistocles stelde voor om het zilver niet te verdelen onder de burgers, maar het te bestemmen voor een oorlogsvloot.

In 481 v.Chr. werd een Helleense Bond opgericht van alle staten die besloten hadden zich tegen de Perzen te verzetten. Argos, de erfvijand van Sparta, weigerde toe te treden, evenals de Thessalische steden. De Bond stuurde oproepen om hulp naar de Grieken in het westen, die echter hun eigen problemen hadden en niet konden helpen. Ook andere verzoeken om hulp leverden weinig op. De Bond besloot dat het leger in de Thermopylaepas positie zou kiezen en dat de Griekse vloot een ligplaats zou kiezen bij het nabijgelegen Artemisium. Met dit plan werd het noorden van Griekenland prijsgegeven.

Xerxes ging niet over één nacht ijs en had grote voorzieningen laten treffen: een kanaal achter Kaap Athos om en een geweldige brug over de Hellespont. Een immens leger bewoog zich in 480 v.Chr. langzaam in de richting van Thermopylae. De doorgang van de pas was erg smal, zodat de Griekse legermacht van 7000 hoplieten in staat bleek zich te handhaven tegenover het numerieke overwicht. Men waande zich veilig, totdat de Perzen een onbekend pad werd gewezen, waarlangs zij achter de stelling van de Grieken konden komen. De Spartaanse koning Leonidas, die de leiding had van het Griekse leger, stuurde daarop de meerderheid van zijn leger weg, nadat hij van de aanstaande omsingeling op de hoogte was gebracht. De Spartanen die bij hem bleven, 300 man, en nog 1100 anderen vochten tevergeefs tot de laatste man. Tegelijkertijd eindigde een zeeslag bij Artemisium onbeslist.

Nu lag de weg naar het zuiden open voor de Perzen. De Bond moest een tweede verdedigingslinie kiezen: de Isthmus, de relatief smalle verbinding met de Peloponnesus. Hiermee was het lot van Athene bezegeld. Het werd aan verwoesting prijsgegeven. De Griekse vloot bevond zich op dat moment in de Golf van Salamis, waar hij na de slag bij Artemisium op aandringen van de Atheners heen was gevaren. In allerijl werd Athene ontruimd. Slechts een klein groepje Atheners bleef achter op de Acropolis. Het Perzische leger veroverde met enige moeite de Acropolis en legde de stad in de as. De Perzische vloot was inmiddels in de golf van Phaleron aan de westkant van Attica aangekomen. Tijdens het bij Salamis gehouden vlootberaad overreedde Themistocles de Spartaanse admiraal om niet, zoals afgesproken was, naar de Isthmus te varen om een verbinding tot stand te brengen met de landstrijdkrachten, maar ter plaatse slag te leveren. De volgende dag wist Themistocles de Perzen tot de aanval te bewegen door hun valse informatie toe te spelen. De Phoenicische en Egyptische schepen, die de kern van de vloot vormden, konden door hun grote aantal in de nauwe baai van Salamis niet snel genoeg manoeuvreren en werden geramd. Vele opvarenden kwamen om het leven. Xerxes moest nu zijn landmacht terugtrekken, ook al omdat de winter aanbrak. De legers werden in Thessalië en Macedonië ingekwartierd. Xerxes zelf reisde terug naar Perzië. Mardonius, die het nieuwe offensief van 479 moest leiden, trachtte de Atheners los te weken uit de Helleense Bond. Toen dat niet lukte, besloot hij tot een verwoesting van Athene en het omliggende land. Weer verlieten de Atheners hun stad en voor de tweede maal werd Athene geplunderd. De Spartanen kwamen veel te laat te hulp. Toen zij Athene naderden, trok Mardonius zich terug naar Boeotië, waar de Grieken onder leiding van de Spartaan Pausanias het Perzische leger bij Plataeae vernietigend versloegen. Thebe, de belangrijkste plaats van Boeotië en bondgenoot van Perzië na de slag bij Thermopylae, werd belegerd en tot overgave gedwongen.

De restanten van het Perzische leger voeren naar Klein-Azië en werden in 479 v.Chr. verslagen bij Mycale. Na deze overwinning besloot de Helleense Bond om de poleis op de eilanden toe te laten als lid, maar niet de steden op de westkust van Klein-Azië. Men achtte het niet realistisch om zijn heil te verbinden aan deze onverdedigbare vestigingen op de kust van een gebied dat verder geheel beheerst werd door de machtigste vorst van de wereld.

De Griekse steden op Sicilië leefden met hun buren, de autochtone bewoners en de Carthaagse kolonisten, in een wankel evenwicht. Twee tirannen, Theron van Acragas (het huidige Agrigento) en Gelon van Gela, waren begonnen om hun invloedssfeer in gezamenlijk overleg uit te breiden. In 485 had Gelon van interne onenigheid in Syracuse geprofiteerd en er de macht gegrepen. Zijn collega Theron verdreef twee jaar later de heerser van Himera, die zijn toevlucht zocht bij de Carthagers, die het optreden van het geallieerde tirannenkoppel angstig gadesloegen. In Carthago werkte men aan de bouw van een oorlogsvloot en in 480 vielen de Carthagers aan, onder aanvoering van Hamilcar. In het voordeel van de Carthagers was dat Gelon geen beroep op hulp uit Griekenland kon doen, waar men immers de handen vol had aan de Perzische invasie. Gelon wist echter op slinkse wijze achter de Carthaagse linies te komen en de Carthaagse generaal te doden. De slag bij Himera eindigde in een nederlaag voor de Carthagers, maar Gelon was niet sterk genoeg om een werkelijke verovering van West-Sicilië te beginnen. Daarom werd een vrede gesloten waarbij in grote lijnen de machtsverhoudingen van vóór 480 werden erkend.

De eeuw van Athene

Maatschappij en economie

Na de grote successen tegen de Perzen, waarvoor vooral de Atheners de eer opeisten, veranderden de machtsverhoudingen in Griekenland aanzienlijk. Sparta bleef de toonaangevende macht op de Peloponnesus, maar Athene werd een grote mogendheid in het oostelijke Middellandse-Zeegebied. Tegenover het machtige Perzië stond nu een stadstaat met een democratisch politiek systeem.

In Athene woonden ongeveer 40.000 burgers samen met hun vrouwen en kinderen. De rest van de bevolking bestond uit *metoiken*, vrije niet-Atheners, en een groot aantal slaven. In totaal telde Athene in de vijfde eeuw ongeveer 250.000 tot 275.000 inwoners. Athene was de enige stad in Griekenland die een naar Griekse maatstaven gemeten complexe economie had, al gold ook hier dat de overheid geen actieve rol speelde in het stimuleren van de economie. Alleen de graanimporten, die van levensbelang waren voor de stadsbevolking, waren onderwerp van gesprek in de volksvergadering. De kleine boeren op het platteland van Attica produceerden net genoeg om hun families te onderhouden. De grootgrondbezitters hadden vooral wijn- en olijfgaarden. Invoer van graan, vooral uit het Zwarte-Zeegebied, was nodig om de stadsbevolking te voeden. Deze importen werden voor een deel betaald met de uitvoer van wijn en olijfolie en hoogwaardige ambachtelijke producten, maar ook de opbrengsten uit de zilvermijnen in Laurion leverden de stad geld op. De stad genereerde ook zelf inkomsten. De rijke burgers leverden een bijdrage aan de staatsfinanciën in de vorm van *liturgieën*. Ze namen de verplichting op zich de gemeenschap iets van hun rijkdom te schenken. Dat kon zijn in de vorm van geld voor de bouw van een oorlogsschip, de uitvoering van een theatervoorstelling of de aankoop van graan. Deze giften moeten niet opgevat worden als een vorm van liefdadigheid. De gever wilde laten zien hoe rijk hij was en dat hij de stad daarin wilde laten delen. Zijn aanzien werd daardoor vergroot. De rijke niet-burgers, de metoiken, werden jaarlijks aangeslagen voor een speciale belasting. Ook de havengelden van Piraeus leverden de nodige inkomsten op. In de vijfde eeuw werd de economie gestimuleerd als gevolg van de inkomsten van de Delisch-Attische Zeebond. Athene gebruikte de contributie van de bondgenoten voor de bouw van prestigieuze gebouwen. De wederopbouw van de akropolis werd gefinancierd met geld uit de bondskas, wat werkgelegenheid opleverde voor veel stedelingen. Het meeste geld werd besteed aan de betaling van staatsambtenaren, bouwkosten, de bouw en het onderhoud van een oorlogsvloot en de betaling van de roeiers op de Atheense vloot.

Buitenlandse politiek 479-462

In 477 gingen de Atheners over tot de oprichting van een nieuwe bond, de Delisch-Attische Zeebond. Tussen Athene en elke bondgenoot werd een afzonderlijk verdrag gesloten, waarin de verplichte bijdrage van die polis werd vastgelegd. De bondgenoot kon kiezen voor levering van volledig uitgeruste oorlogsschepen of voor een jaarlijkse betaling van een bijdrage, waarmee Athene dan weer oorlogsschepen uitrustte. Het doel van de Bond was de vrijheid tegenover de Perzen te bewaren en de steden in Klein-Azië te bevrijden. De relatie van de bondgenoten tot Athene stond van begin af aan onder spanning. De penningmeesters van de Bond, die zijn zetel op Delos koos, waren Attische ambtenaren, de zogeheten *hellenotamiai*. Ook al hadden formeel alle bondgenoten in de jaarlijkse bondsvergadering op Delos evenveel te zeggen, in de praktijk werd de Bond beheerst door de leider, Athene. Deze tendens werd versterkt toen de bondgenoten in meerderheid besloten te kiezen voor betaling in geld aan Athene. Hierdoor ging de vloot van de Bond steeds meer bestaan uit Atheense triëren, gebouwd en onderhouden in Atheense havens en bemand door Atheense theten.

De voordelen van deze regeling voor Athene waren evident. De bouw en het onderhoud van de schepen verschaften werk op de Atheense scheepswerven, en in de maanden april tot oktober, wanneer de vloot uitvoer, werd de theten een bestaan geboden. Ze kregen dagvergoedingen voor hun werk als roeier en marinier. Omdat Athenes macht afhing van de bondsvloot, werd het werk van de theten op de vloot van vitaal belang. Een tweede voordeel voor Athene was gelegen in het feit dat mensen uit alle delen van de Aegeïsche wereld naar Athene kwamen. De haven van Piraeus, die pas vanaf 482 in gebruik was (vóór die tijd landdden de schepen in de baai van Phaleron), werd een druk verzamelpunt van handels- en oorlogsschepen.

In de beginjaren van de Bond streefden de Atheners naar een volledige controle over de Aegeïsche Zee. Het resultaat was dat alle eilanden, behalve Melos en Thera, die banden met de Spartanen hadden, tot de Bond toetraden. Het allergrootste succes werd behaald in 469/468, toen de vloot bij de monding van de Eurymedon aan de zuidkust van Klein-Azië een Perzisch eskader van tweehonderd Phoenicische schepen en een landingsleger vernietigde. Hiermee maakte Athene duidelijk dat het de 'Griekse' belangen uitstekend kon behartigen. Na dat machtsvertoon besloten ook vele Griekse steden in Klein-Azië zich bij de Bond aan te sluiten. Niet alle bondgenoten waren echter tevreden. In 470 v.Chr. was Naxos de eerste bondgenoot die de Bond wenste te verlaten, maar het werd hardhandig zijn plaats gewezen. Korte tijd daarna werd de bondskas, die zich op Delos bevond, verplaatst naar Athene.

Intussen maakte Sparta een periode van stagnatie, ja zelfs achteruitgang, door. In de buitenlandse politiek was er duidelijk prestigeverlies door de aspiraties van Argos, dat een anti-Spartaans front organiseerde, waar Elis en de Arcadische Bond zich bij aansloten. De leidende positie van Sparta op de Peloponnesus werd serieus bedreigd.

In 465 kwam Thasos in opstand tegen Athene en het deed een beroep op de Spartanen om hulp. Het conflict ging om de wens van Athene de goudmijn die door Theasiërs op het vasteland werd geëxploiteerd, over te nemen. Ook wilde Athene vlak bij Thasos een kolonie stichten voor Atheense burgers en bondgenoten. In totaal trokken 10.000 man de nieuwe kolonie binnen, maar ze werden verslagen door de Thraciërs. Deze nederlaag inspireerde Thasos in zijn verzet. De Spartaanse hulp bleef echter achterwege als gevolg van een zeer ernstige crisis in Sparta zelf.

Niet lang na het Thasische verzoek aan Sparta werd de Peloponnesus namelijk getroffen door een aardbeving. Van de verwarring maakten de

Messenische heloten gebruik om in opstand te komen. Ze hadden hun verzetscentrum ingericht op de berg Ithome, waar ze de Spartanen een aantal jaren konden weerstaan. In het begin van de Messenische Opstand deden de Spartanen een beroep op andere poleis om hen te hulp te komen. Zo'n verzoek bereikte in 462 ook Athene. Cimon, de zoon van Miltiades, de held van Marathon, pleitte voor hulp aan de bondgenoot in de nog steeds niet opgeheven Helleense Bond. Hij slaagde erin de Atheense volksvergadering voor zijn standpunt te winnen. Natuurlijk kreeg Cimon zelf het opperbevel. Toen het Atheense leger echter in Sparta aankwam, had zich een ommekeer in de Spartaanse mening voltrokken. De Atheners werden bedankt en teruggestuurd. Athene, dat tussen 480 en 462 alleen maar successen had geboekt, leed gezichtsverlies. Het bondgenootschap met Sparta, dat tegen de gemeenschappelijke vijand, Perzië, was opgericht, werd daarom door de Atheners opgezegd. In plaats daarvan verbonden ze zich nu openlijk met Thessalië en Argos, twee notoire tegenstanders van de Spartanen.

Democratisering van Athene

Toen Cimon zich beijverde voor hulp aan Sparta, had een jonge Atheense politicus, Ephialtes, tevergeefs geprobeerd het volk hiervan af te houden. Na het Spartaanse echec liet Ephialtes zien dat hij niet alleen een anti-Spartaanse politiek voorstond, maar ook een politiek van democratisering. Ephialtes stelde voor om alle bevoegdheden van de Areopagus over te dragen aan de Raad van 500, aan de volksvergadering en aan de volksrechtbanken. De Areopagus hield alleen de rechtspraak in moordzaken, waardoor zijn politieke rol was uitgespeeld.

Het optreden van Ephialtes moet gezien worden tegen de achtergrond van het sterk toegenomen zelfvertrouwen van de Atheense burgers. Het was mogelijk gebleken een indrukwekkende buitenlandse politiek te voeren en in het binnenland rust, orde en bloei te garanderen met een systeem waaraan theoretisch alle Atheense burgers konden deelnemen. Er vormde zich een democratische traditie en een democratische praktijk van commissiewerk.

Het jaar 461 kan beschouwd worden als het begin van een nieuwe fase in de Atheense democratie. Cimon, de verdediger van de oude orde, werd verbannen. De democratisering, gezien als een proces van grotere participatie, schreed voort, want in 457 werd het archontaat, dat toen al geen belangrijke politieke functie meer was, ook opengesteld voor leden van de derde vermogensklasse, de zeugieten. Blijkbaar was er bij een groeiend aantal hoplieten behoefte aanzien te verwerven. Met deze vernieuwing is waarschijnlijk de naam van Pericles verbonden, die vanaf 457 een vooraanstaande rol in de Atheense politiek speelde. Pericles was een lid van de familie der Alcmeoniden, en zijn weg naar de macht volgde het bekende patroon voor een aristocratische jongeling van zijn dagen. Profiterend van de familietraditie en van politieke relaties met vrienden klom hij omhoog. Toen hij de top bereikt had, ging hij verder op de koers die de in 461 gedode Ephialtes had uitgezet en liet hij wetten aannemen die participatie in de democratie voor meer mensen mogelijk maakte. Voor het werk in de Raad van 500 en in de volksrechtbanken werden dagvergoedingen uitgekeerd als compensatie voor gederfd inkomen.

Buitenlandse politiek 462-446

Toen Athene op de Peloponnesus actief werd tegen Sparta, voelde Corinthe zich met recht bedreigd. Het maakte zich vooral bezorgd om zijn politieke en handelsverbindingen in het westen en sloot zich vanzelfsprekend bij Sparta aan. Voor Athene brak nu een tijd aan van een tweefrontenoorlog. Aan de ene kant voerde het oorlog in Griekenland op de Peloponnesus en tegen Thebe, en aan de andere kant was het nog steeds verwikkeld in de oorlog tegen Perzië. Een van de grote successen tegen de Spartanen was de definitieve overname van Aegina, dat gedwongen werd lid te worden van de Delisch-Attische Zeebond. Tegen de Perzen ging het minder goed. In 459 had de leider van een anti-Perzische opstand in Egypte de hulp van Athene ingeroepen. Een vloot van tweehonderd schepen werd door de Perzische koning in 454 vernietigd. Een aantal bondgenoten van de Delisch-Attische Bond wilde daarop het lidmaatschap opzeggen. De Atheners dwongen hen lid te blijven en namen maatregelen. Ze namen stukken grondgebied van de overwonnen bondgenoten af en stichtten er een *klerouchie*, een kolonie van Atheense burgers.

In Athene begreep men dat een wijziging in de algehele strategie noodzakelijk was. In 451 werd een wapenstilstand met Sparta gesloten en in het volgende jaar slaagde een Atheense vloot erin een Perzische vloot- en legereenheid bij Salamis (op Cyprus) te verslaan. Niet lang na 450 werd een officiële vrede met Perzië gesloten waarbij zou zijn afgesproken dat er wederzijdse militaire invloedssferen werden erkend: geen Perzisch schip zou de Aegeïsche Zee mogen bevaren en het Perzische leger moest drie dagmarsen van de kust verwijderd blijven. Perzië kreeg Cyprus en Athene erkende de Perzische heerschappij over Egypte.

De wapenstilstand met de Spartanen liep af in 446 en de Atheners zagen zich geconfronteerd met een nieuw en krachtig Spartaans offensief, dat resulteerde in een inval in Attica. De gevechten eindigden echter – over het geheel gezien – onbeslist, en in 446 sloten de beide leiders van Griekenland een verbond, de dertigjarige vrede, waarbij beide partijen elkaars bondgenoten erkenden en afzagen van interventie. Het was de erkenning van het feit dat Athene de zee en de kusten van Klein-Azië beheerste en dat Sparta heer en meester was op het vasteland.

De tijd van Pericles

Na de vrede met Sparta keerden de Atheners terug tot een meer gematigde politiek. De territoriale expansie op het vasteland werd opgegeven en alle aandacht ging nu uit naar het voortbestaan en verstevigen van de Zeebond en de verfraaiing van Athene. Pericles steunde hierbij op de volksvergadering. In zijn optreden zat ook iets demagogisch. Het was niet langer mogelijk een leidersrol te spelen louter op de traditionele manier. Het politiek bewustzijn van de demos was zover ontwikkeld dat het een leider wenste die rekening hield met de grote massa der Atheners. Pericles, die van huis uit geleerd had hoe aristocraten politiek bedreven, introduceerde een nieuwe stijl in de politiek, die gebaseerd was op de overredingskracht van de redenaar. Het talent om de volksvergadering naar een bepaalde keuze te leiden, werd voor een politicus onmisbaar.

De houding van Athene werd voor de bondgenoten steeds moeilijker verteerbaar. De vijandelijkheden tussen de vloot van de Zeebond en die van de Perzen waren opgehouden sinds 449. Sommige bondgenoten

Griekenland aan de vooravond van de Peloponnesische oorlog

vonden dat de band verbroken kon worden, nu het gewenste doel, de verjaging van de Perzen uit de Aegeïsche Zee, bereikt was. Telkens greep Athene echter met harde hand in en stichtte klerouchieën, om de status-quo te handhaven. Tevens besloten de Atheners vanaf 454 een zestigste van de tribuutgelden te reserveren voor de godin Athene. In de praktijk betekende dit dat de geweldige verfraaiing van Athene in deze periode mede gefinancierd werd uit de bijdragen van de bondgenoten, hetgeen bij hen kwaad bloed zette.

In deze tijd kenden de Atheners een geweldige bloeiperiode. Ze beschikten over een goed geoutilleerde vloot, die voor een groot deel met geld van de Bond gefinancierd werd en waarmee de handelsvloot beschermd werd, waardoor er meer zeeverkeer mogelijk was. Dus kwamen meer schepen de haven van Piraeus binnen en daarmee stegen de Atheense inkomsten uit havengelden. Voor veel arme Atheners bood de deelname aan een klerouchie de kans op sociale mobiliteit. Het bezit van voldoende landbouwgrond in den vreemde, gekoppeld aan het behoud van het Atheense burgerrecht, bracht velen van hen in de zeugietenklasse. De enorme bouwactiviteit in de jaren veertig verschafte jarenlang werk.

Uiteraard waren er ook Atheners die minder ingenomen waren met de macht van Pericles. Onder de opponenten waren twee stromingen te onderscheiden. Allereerst was er een groep die met grote zorg de nieuwe leidersstijl en de nieuwe politieke situatie bezag. Zij beschouwden de ontwikkeling naar een democratie waarin de specifieke deskundigheid van de aristocratische elite niet meer telde als rampzalig. Zij wilden graag een oligarchisch bestuur waarin de beslissingen dienden te worden voorbehouden aan een 'select' gezelschap. Behalve de oligarchische tegenstanders waren er ook radicale democraten. Omdat Pericles het oude en nieuwe combineerde, was hij voor de radicalen, die een volledige volkssoevereiniteit, de afschaffing van eigendomskwalificaties en de verbreding van de traditionele bestuurselite wensten, onbetrouwbaar.

Ook was er een wijdverbreid wantrouwen over de religieuze opvattingen van Pericles, die leefde in een periode waarin, binnen de elite, ingrijpende mentaliteitsveranderingen plaatsvonden en een neiging tot secularisatie merkbaar werd. Allerlei verschijnselen die men vroeger via religieus getinte verklaringen poogde te bezweren, werden sceptisch bekeken. Omdat Pericles een nauw contact onderhield met de intellectuelen in Athene, werd door vele traditioneel ingestelde Atheners het goddeloze optreden van die groep betrokken op de leider van Athene.

De Peloponnesische Oorlog 431-404

In de jaren dertig ontstond een conflict tussen Corinthe en zijn kolonie Corcyra, die in 433 een beroep deed op Athene. Het kwam tot een gevecht tussen een Corinthische vloot en de vloot van Corcyra versterkt met tien Atheense schepen, dat onbeslist eindigde. In 432 escaleerde het conflict tussen Corinthe en Athene, toen Potidaea, een Corinthische kolonie én lid van de Zeebond, deze Bond wilde verlaten. Potidaea zocht na de bedreigingen van de kant van Athene hulp bij Corinthe. Dat kreeg de toezegging van Sparta dat het Attica zou binnenvallen als Athene Potidaea zou aanvallen. Bovendien beloofde Perdiccas, de koning van Macedonië, hulp. De Atheners zagen hun belangen in dit gebied nu serieus bedreigd worden en stuurden er een vloot en een leger op af.

In 431 brak de Archidamische Oorlog uit (de eerste fase van de Peloponnesische Oorlog), genoemd naar de Spartaanse koning, die na lange aarzelingen in Sparta de invallen in Attica leidde. De Spartanen hoopten hiermee de Atheners tot een snelle capitulatie te dwingen. Pericles besloot om de bevolking van het Attische platteland binnen de muren te halen, waardoor de stad zeer dichtbevolkt raakte. Pericles koos voor deze afwachtende houding, omdat hij wist dat Athene over een vloot beschikte die voor de bevoorrading van de stad kon zorgen. De Spartanen konden daar niets tegenover stellen. Aan het einde van het seizoen trokken de Spartanen weer terug en ondernamen de Atheners enige acties van beperkte omvang in de naaste omgeving. Inmiddels duurde het beleg van Potidaea nog steeds voort. Het volgende jaar dreigde een herhaling te zien te geven. Er brak echter een pestepidemie uit in Athene, waardoor de stad grote verliezen aan mensenlevens leed. De Spartanen vertrokken snel uit Attica uit angst voor de ziekte waaraan Pericles zelf stierf.

Aanvankelijk hielden de Atheners vast aan zijn strategisch plan, dat Athenes voortbestaan verzekerde, maar niet leidde tot een militaire doorbraak. Wel ondernamen de Atheners allerlei acties met hun vloot. Zelfs hielden ze het oog gericht op Sicilië, dat van belang was in de oorlog omdat het in de Spartaanse behoefte aan graan voorzag.

Een keerpunt in de oorlog was de zomer van 425, toen een Atheense vloot op weg naar het westen een kleine groep soldaten achterliet bij Pylos, aan de westkust van de Peloponnesus. De Spartanen zonden er een leger heen, dat positie koos op Sphakteria, een eiland voor de kust van Pylos. De Spartaanse poging mislukte echter volkomen, want het leger werd ingesloten door de Atheners, die zich opmaakten voor een langdurig beleg. De Spartanen zagen de situatie zo donker in, dat ze de Atheners een vredesaanbod deden. Met name de nieuwe volksleider van Athene, Cleon, verzette zich sterk. Hij verweet de Atheense generaals een veel te slap optreden en kondigde aan de Spartanen binnen drie weken te zullen verslaan. De snoevende Cleon kreeg gelijk. 292 zwaargewapenden, onder wie 120 Spartiaten, werden weggevoerd naar Athene.

In 424 kondigde zich het Spartaanse herstel aan. Een Spartaans generaal, Brasidas, was met zevenhonderd zwaargewapende, vrijgelaten heloten naar Thracië getrokken, waar hij Atheense vestigingen aanviel en bondgenoten tot afvalligheid probeerde te bewegen. Hij kon rekenen op de steun van de koning van Macedonië, die de Atheense infiltratie in het gebied tussen Macedonië en de kust met lede ogen had aanschouwd. Het hoogtepunt van zijn optreden was de inname van Amphipolis, waardoor Athene het beheer over de mijnen in dit gebied en over de aanvoer van scheepshout kwijtraakte. Naast deze tegenslag moest Athene een nederlaag tegen de Boeotiërs onder leiding van Thebe incasseren. Nu wensten beide partijen vrede. Om deze voor te bereiden werd in 423 een wapenstilstand gesloten, tot groot ongenoegen van Brasidas in het noorden, die op eigen initiatief de oorlog voortzette. Daarop zonden de Atheners een vloot onder bevel van Cleon. In de strijd, die Brasidas' troepen wonnen, sneuvelde zowel Cleon als Brasidas, die beiden voorstanders waren geweest van een krachtige voortzetting van de oorlog. In 421 werd de vrede van Nicias gesloten, genoemd naar de Atheense onderhandelaar. Men besloot krijgsgevangenen uit te wisselen en de veroverde steden terug te geven. Vooral Athene was er goed van afgekomen.

In Athene speelde Nicias, de grondlegger van de vrede, naast de radicale leiders een matigende rol. Ook steeg de ster van een nieuwe leider, Alcibiades, een telg uit een oud geslacht, die alle technieken beheerste die een leider van de Atheense democratie in deze tijd nodig had. Over het sluiten van de vrede was hij niet erg enthousiast geweest.

De demagogen, Alcibiades voorop, wensten een voortzetting van de expansie in westelijke richting. De kans om zich te bemoeien met Sicilië deed zich voor toen de stad Segesta hulp vroeg tegen Selinus en Syracuse, de belangrijkste polis op het eiland. Toen in 415 in Athene werd gedebatteerd over een interventie op Sicilië, was Alcibiades een felle voorstander van de expeditie, maar probeerde Nicias de volksvergadering – tevergeefs – daarvan af te houden. De merkwaardige situatie deed zich voor dat beiden tot generaal werden benoemd.

Vlak voordat de vloot en het leger uit Piraeus vertrokken, werd de Atheense bevolking opgeschrikt door het zogeheten 'Hermenschandaal'. Op vele plaatsen in Athene waren de beelden die met de god Hermes verbonden waren, de nacht voor het vertrek geschonden. De meerderheid van de bevolking werd vervuld van vrees. Er heerste immers bij de meeste Atheners nog een sterk geloof in de samenhang van goddelijk bestuur en menselijk handelen. De naam van Alcibiades werd in dit verband als betrokkene genoemd. Toen men hem wilde arresteren, vluchtte hij en vond een warm onthaal bij de Spartanen.

Syracuse vroeg aan Sparta en Corinthe hulp tegen de Atheense agressie. De Spartanen, met Alcibiades als adviseur in hun midden, besloten te hulp te komen. In 413 zonden beide partijen grote troepenversterkingen. De gevechten op zee verliepen catastrofaal voor de Atheners. De vloot werd verslagen en de soldaten van het Atheense leger werden gedood of werden dwangarbeider in de Siciliaanse steengroeven. In een enkele expeditie was Athene alle troeven in de strijd kwijtgeraakt en was het militaire evenwicht ernstig verstoord.

De laatste fase van de oorlog wordt de Deceleïsche Oorlog (413-404) genoemd, omdat de Spartanen het Atheense fort Deceleia veroverden. Onder de Atheense bondgenoten was na de nederlaag bij Syracuse onrust ontstaan. Sommige vielen af en andere hoopten snel door de Spartanen 'bevrijd' te worden. Dezen bouwden met Perzisch geld een grote vloot. Ook de Atheners waren met een nieuwe vloot bezig. De uitgaven op andere posten werden sterk beknot, want het zelfbehoud stond nu voorop. De radicale democraten, die verantwoordelijk werden gesteld voor het echec, lieten toe dat een commissie van wijze mannen (tien in getal) bij elke beslissing advies aan de Raad van 500 en de volksvergadering gaf.

Een beslissend voordeel voor de Spartanen vormde de steun van de Perzische satrapen in Klein-Azië, die hun geld aanboden. De overgelopen Alcibiades was de aanvoerder van de Spartaanse strijdmacht en onderhield nauw contact met een van de satrapen, Tissaphernes. Toen het hem duidelijk werd dat sommige groepen in Sparta hem kwijt wilden, vluchtte hij naar zijn nieuwe beschermer. Tissaphernes had gehoopt op een snelle Spartaanse zege, maar toen die uitbleef, wilde hij een evenwicht tussen de kemphanen creëren, dat hem vrij spel in Klein-Azië zou geven.

Alcibiades legde contact met de officieren van de Atheense vloot die bij Samos lag, en stelde voor de Atheense constitutie in oligarchische zin te hervormen. Het gezuiverde Athene moest hem dan terugroepen. In ruil voor deze Atheense inschikkelijkheid werd de steun van Tissaphernes beloofd. Een van de vlootcommandanten vertrok naar Athene om het voorstel in de volksvergadering te verdedigen. De Atheners besloten in te gaan op het aanbod en bereidden een gezantschap voor. Inmiddels pleegden de oligarchen in Athene een staatsgreep zonder verder overleg af te wachten en stelden een oligarchisch systeem in. Het actieve burgerrecht werd beperkt tot de 5000 hoplieten, en de door Pericles ingestelde vergoedingen voor burgerlijke functies, een gruwel voor oligarchen, werden afgeschaft. Politiek werd weer een zaak van hen die wat te verliezen hadden. De werkelijke macht kwam in handen van een Raad van 400.

De hele affaire liep voor Alcibiades slecht af omdat hij te weinig betrokken was geweest bij de ommekeer en omdat zijn toezeggingen over de bereidheid van Tissaphernes om de Atheners te steunen niet realistisch waren. Onmiddellijk greep hij de enige mogelijkheid aan die hem nog restte. Nu het oligarchische avontuur voor hem mislukt was, wierp hij zich op als de democratische verlosser voor de bemanningen van de Atheense schepen bij Samos, die zich verraden voelden door hun officieren. Alcibiades wist de juiste toon te vinden en werd tot strateeg gekozen. Nu was er een Atheense democratie op de vloot en een Atheense oligarchie thuis. Niet lang daarna zakte de oligarchie door onderlinge strijd ineen en keerde Athene terug naar de democratie.

Alcibiades kon de vloot niet naar Athene terug laten varen, omdat het Atheense gezag in het oosten met de vloot zou verdwijnen. Hij haalde in 411 een aantal klinkende overwinningen op de Spartaanse vloot. De Spartanen waren zo wanhopig over het uitblijven van succes door de bezetting van Deceleia en door de nederlagen van de vloot in de Aegeïsche Zee, dat ze vrede aanboden.

In 407 keerde Alcibiades in triomf terug naar Athene, waar hij het opperbevel kreeg over alle troepen. Na enige maanden vertrok hij weer naar het oosten, waar zich inmiddels een belangrijke verandering had voltrokken. Was het Perzische beleid in Klein-Azië tot nu toe ernstig verzwakt door de onderlinge concurrentie van de satrapen, nu verscheen Cyrus, een broer van de Perzische koning, als opperbestuurder van heel Klein-Azië ten tonele. Hij zette al zijn kaarten op de Spartanen. Atheense diplomaten konden geen wig meer drijven in dit verbond en Alcibiades slaagde er niet in een grote slag te winnen. De Spartanen vernietigden vijftien Atheense schepen, toen een vlootcommandant, tegen de bevelen van Alcibiades in, een zeeslag met de Spartanen was aangegaan. Daarop keerde het Atheense volk zich in paniek af van de man die slechts een jaar tevoren als de verlosser was binnengehaald. Alcibiades vluchtte en belandde ten slotte bij een satraap in Klein-Azië, waar hij in 405 op last van Cyrus werd vermoord.

Athene kreeg het steeds moeilijker. In 406 werd de nieuwe admiraal Conon met zijn vloot ingesloten in de haven van Mitylene, op het eiland Lesbos. Op zijn noodsignalen reageerde Athene nog eenmaal in grote stijl. In allerijl werd een nieuwe vloot gebouwd die bemand werd met alles wat kon lopen en roeien; zelfs slaven werden op de vloot ingezet. Deze vloot wist de omsingeling ongedaan te maken in een zeer zwaar bevochten overwinning bij de Arginusische eilanden. Het jaar daarop viel echter de definitieve beslissing. Bij Aegispotamoi (op de Chersonnesus) werd de Atheense vloot vernietigd. De Atheners werden binnen hun muren teruggedrongen en door hongersnood en ellende op de knieën gebracht. De bondgenoten van de Spartanen wensten een volledige vernietiging van de stad en slavernij voor alle burgers, omdat de Atheners een aantal keren overwonnen bondgenoten en steden van de Peloponnesische Bond op een dergelijke manier hadden behandeld. Sparta zelf was geneigd een soepeler houding aan te nemen. Ten slotte werd bepaald dat de muren gesloopt moesten worden, de vloot niet groter dan twaalf schepen mocht zijn, de (oligarchische) ballingen mochten terugkeren, en Athenes buitenlandse politiek afhankelijk werd van Sparta.

Culturele bloei

De vooraanstaande politieke positie van Athene in de vijfde eeuw droeg ertoe bij dat die stad ook het culturele middelpunt van Griekenland werd. Uit heel Griekenland trokken kunstenaars, geleerden en opvoeders naar het magische centrum om er werk te vinden en hun eigen en Athenes roem te vergroten. Behalve op de Acropolis verrezen ook elders in de stad monumentale gebouwen, voorzien van beeldhouwwerken en schilderingen.

Er waren ontwikkelingen op vele gebieden: beeldhouwkunst, tragedie, geneeskunst, filosofie, geschiedschrijving en politieke theorie. In het Griekse denken trad sterk het idee op de voorgrond dat de mens en zijn cultuur te verklaren zijn vanuit de rede. Dit betekende niet dat de Griekse schrijvers en geleerden het bestaan van goden, het noodlot of de invloed ervan op de mensenwereld loochenden. Wel waren ze geneigd eerst rationele verklaringen aan te wenden en zoveel mogelijk voorzichtigheid te betrachten bij het gebruik van bovennatuurlijke verklaringen.

De tragedie past niet zonder meer in de bovengenoemde seculariseringstendens. In de tragedie werd juist de relatie van de mens tot het bovennatuurlijke aan de orde gesteld. Geleidelijk aan werden bij de opeenvolgende tragediedichters echter de puur menselijke problemen steeds belangrijker. De tragedie had haar oorsprong in de spelen die voor de god Dionysus in de tijd van Pisistratus te Athene werden georganiseerd. Volgens de overlevering voerde Thespis in 534 v.Chr. de eerste acteur ten tonele. Voor die tijd waren er alleen koorzangen. Van de tragedies uit de zesde eeuw zijn alleen wat fragmenten bewaard gebleven. Complete tragedies zijn slechts bekend van de drie grote Atheense tragici Aeschylus (524-456), Sophocles (496-406) en Euripides (480-406). De toneelstukken waren erg populair bij de Atheense bevolking. Per dag werden drie tragedies gespeeld en een komedie of een vierde tragedie van lichtere aard. De kosten van de uitvoering, die vooral bestonden uit de vergoedingen aan de leden van het koor, werden gedragen door rijke Atheners.

In 486 waren komedies een vast onderdeel geworden van de Dionysische feesten in Athene. Ze waren oorspronkelijk verbonden met ruige humor uit het boerenleven. De enige komedieschrijver die ons enigszins bekend is, is Aristophanes (450-385). In zijn handen is de komedie ook de gesel van de tijd geworden en werden Atheense politici aan het volk getoond als domkoppen of schurken. Aan zijn humor ligt een duidelijk moralisme ten grondslag.

In de eerste helft van de vijfde eeuw zetten Ionische denkers de speculatie over de essentie van de kosmos voort. Vele elkaar tegensprekende theorieën werden naar voren gebracht, die alle een zweem van waarschijnlijkheid hadden. Door dat grote aantal werd bezinning noodzakelijk over de waarde van de menselijke kennis. Daarmee ontstond ook een filosofische kennisleer. Deze ontwikkeling vond vooral plaats buiten Athene. Pas in de tweede helft van de eeuw vestigde Anaxagoras van Clazomenae zich als eerste filosoof te Athene, waar hij als vriend van Pericles invloed in leidende kringen kreeg.

In dezelfde periode werd ook de etnografie geboren. Hecataeus van Milete (circa 500 v.Chr.) had de landbeschrijving van de vroege Ionische geografen uitgebreid met korte schetsen van de cultuur van de volkeren. Waarschijnlijk is de grondlegger van de geschiedschrijving, Herodotus van Halicarnassus, begonnen in die etnografische traditie. In zijn geschiedwerk, de *Historiën*, komen uitgebreide beschrijvingen van de bevolking in Egypte, het Perzenrijk, de Scythen, et cetera aan de orde. Hij bracht echter ook een vernieuwing aan, omdat hij zich als eerste tot taak had gesteld een verslag te maken van de botsing tussen Oost en West, de Perzische Oorlogen. Herodotus stelt zich kritisch op in zijn werk. Hij legt de nadruk op de betrouwbaarheid van de informatie. Alleen ooggetuigen kunnen materiaal leveren dat direct te gebruiken is. Ook moeten verhalen een mate van waarschijnlijkheid hebben. Soms heeft hij evenwel meer oog voor de details dan voor de grote lijnen. Bij de eerste geschiedschrijver leeft de opvatting dat mensen iets uit de geschiedenis kunnen leren. Dit laatste element treedt nog sterker op de voorgrond bij de tweede grote historicus, Thucydides, die de geschiedenis van de Peloponnesische Oorlog beschreef. Het politieke handelen wordt hier geanalyseerd om er de lezer-politicus mee van dienst te zijn. Het bovennatuurlijke speelt bij hem geen rol. De geschiedenis is het resultaat van menselijk handelen en wordt ook louter op dit niveau verklaard. In het werk van Thucydides is duidelijk de invloed te zien van nieuwe ontwikkelingen in de empirische medische wetenschap en van de mens- en maatschappijopvattingen van de sofisten.

Vanouds waren er plaatsen in Griekenland waar door de goden zieken werden genezen. Vooral de heiligdommen die aan de god Asclepius waren gewijd, stonden in de vijfde eeuw bekend als plaatsen van genezing. Het belangrijkste centrum was Epidaurus. Naast deze sterk religieus bepaalde geneeswijze ontwikkelde zich in de tweede helft van de vijfde eeuw een meer empirisch gerichte stroming. Hiermee wordt vooral de naam van Hippocrates van Cos verbonden, op wiens naam een groot aantal medische verhandelingen is overgeleverd, waarvan echter niet meer is uit te maken welke ook werkelijk door hem zijn geschreven. In een aantal ervan wordt duidelijk uitgesproken dat de zorgvuldige waarneming een sleutel tot genezing kan zijn. Misschien spreken de remedies ons niet meer zo aan, maar de basis voor de moderne geneeskunde werd toen gelegd.

Het denken over het meest ideale politieke systeem kreeg eveneens aandacht. In het werk van Herodotus kunnen we de vroegst overgeleverde discussie over de voordelen van diverse regeringsvormen aantreffen. Hij laat drie Perzische edelen de standpunten ten gunste en ten nadele van respectievelijk democratie, aristocratie en monarchie vertolken. De theoretische diepgang is niet erg indrukwekkend, maar van belang is dat er over politiek werd gesproken. In het Athene van de vijfde eeuw was aanleiding te over om over de voor- en nadelen van de democratie na te denken en deze af te zetten tegen die van andere systemen. Daarbij speelden de 'sofisten' een belangrijke rol. In de Atheense samenleving van de vijfde eeuw werd bij de toenemende betekenis van de democratische werkwijze een optreden als redenaar steeds belangrijker. In de behoefte aan scholing voorzagen nieuwe intellectuelen, betaalde lectoren in wijsheid, de sofisten. Zij boden een complete opvoeding aan hun leerlingen, waarbij ook de aard van de mens, de betekenis van de polis, de basis van de traditionele moraal, de aard en werking van de goden aan de orde kwamen. De ene vraag lokte de andere uit en een golf van rationalistische kritiek spoelde over alle gevestigde instituties, normen en waarden.

De sofisten oefenden een belangrijke invloed uit op de jongere generatie politici van de tweede helft van de vijfde eeuw. Alcibiades is het meest sprekende voorbeeld. Ook de tragicus Euripides en de historicus Thucydides blijken de sporen van deze nieuwlichterij in zich te dragen. De bekendste sofisten waren Gorgias van Leontini en Protagoras van Abdera. Van de laatste is de beroemde uitspraak: 'De mens is de maat van alle dingen.' De grote massa van de Atheners achtte zich bedreigd door de intellectuelen, die alles wensten te betwijfelen. Het kwam daarom in de jaren dertig tot een aantal rechtszaken waarbij sofisten werden aangeklaagd.

De uitdaging van de sofisten werd aangenomen door Socrates (469-399). Hij zag in dat de traditie niet verdedigd kon worden tegen hun scherpe kritiek en stelde zich tot taak een nieuwe theorie over de deugd te formuleren die wel bestand zou zijn tegen aanvallen van de rationalisten. Om te komen tot een goed begrip van de ethische termen ontwikkelde Socrates een nieuwe, later naar hem genoemde methode, de *Socratische methode*, die was gebaseerd op het aan de orde stellen van een kwestie, vervolgens uit te gaan van een eerste antwoord en dan door verdervragen aan te tonen dat het eerste antwoord niet houdbaar was. Uit het steeds weer nieuwe vragen stellen bleek vooral de menselijke onmacht om snel tot een constructieve bijdrage te komen. De mens moest zijn beperkingen leren kennen, waarmee de eerste stap op de weg naar echte wijsheid was gezet. We weten meer over Socrates' methode dan over zijn theorieën. Het beeld dat we van hem hebben, is opgebouwd uit de gegevens die leerlingen als Plato en Xenophon hebben verschaft. Zeker is wel dat Socrates geloofde dat het verschil tussen goed en kwaad objectief vaststond en dat een wijs man voldoende inzicht kon verwerven om dat verschil te leren kennen.

Voor de Atheners was Socrates slechts één van de vele sofisten. In 399 werd hij aangeklaagd wegens goddeloosheid en het bederven van de jeugd. Hij werd schuldig bevonden en gedwongen de gifbeker te nemen.

Neergang van de poleis en opkomst van Macedonië

Hegemonie van Sparta 404-371

Na de ondergang van Athenes zeerijk was Sparta de leidende staat in Griekenland. Het belangrijkste nieuwe feit was echter de betrokkenheid van Perzië bij de gebeurtenissen in Griekenland. Door de krachtige politiek van Athene en interne verzwakking had Perzië tussen 450 en 413 geen rol van betekenis gespeeld. Daarna echter was het het Perzische goud geweest dat de Spartanen de financiële mogelijkheid had geboden om de hegemonie in Griekenland te verwerven.

In de laatste jaren van de vijfde eeuw hadden zich in de Griekse poleis ingrijpende veranderingsprocessen voltrokken. Het bevolkingsaantal had zwaar te lijden gehad van de oorlog. Door het wegvallen van het Atheense gezag was de bescherming op zee verdwenen, waardoor piraten hun kans weer schoon zagen. Er was een achteruitgang in de handel; over de situatie in het verreweg belangrijkste onderdeel van de economie, de landbouw, bestaat veel minder duidelijkheid. Vage aanwijzingen lijken ook hier te wijzen op een crisis.

Rond de eeuwwisseling deed ook het huurlingenprobleem zich voelen. In de legers van de strijdende partijen in de Peloponnesische Oorlog vochten allang niet meer alleen zwaargewapenden, maar ook lichtgewapenden. Toen de oorlog beëindigd was, ontbrak voor vele soldaten de drang of de mogelijkheid zich weer als boer te vestigen. Het beroep van huurling, dat in de Griekse geschiedenis al in de achtste eeuw voorkwam, raakte erg in trek en grote groepen verhuurden zich aan de hoogstbiedende.

In Sparta was de interne situatie sterk veranderd. Stoelde de Spartaanse leefwijze tevoren op een sober persoonlijk leven gekoppeld aan de totale inzet voor de belangen van de staat, nu waren er veel storende factoren bij gekomen. De Spartanen moesten zich in heel Griekenland vertonen en overal ingrijpen. Bovendien werd in Sparta de invloed van het Perzische geld merkbaar.

De verslagen Atheners moesten zich natuurlijk het meest aanpassen, nu de inkomsten uit de Bond waren weggevallen, de tolgelden waren teruggelopen en de afzetgebieden voor hun nijverheidsproducten verdwenen waren. In Athene keerden de oligarchische ballingen in 404 terug, die een nieuwe constitutie op het oog hadden. Athene zou voortaan geregeerd worden door een Commissie van Dertig. Deze oligarchen vormden echter geen eenheid en kregen ruzie over de vraag hoeveel confiscaties er moesten plaatsvinden en wie daar het slachtoffer van moest worden. De strijd tussen gematigden en radicalen liep uit op een schrikbewind van de laatsten. Al die tijd keek een Spartaans garnizoen toe. Zeer vele Atheners ontvluchtten hun stad en namen de wijk naar Thebe, dat hen steunde uit bezorgdheid voor de opmars van de Spartanen. De Atheense democraten versloegen vervolgens het leger van de Dertig en het Spartaanse garnizoen.

In Perzië waren in 404 problemen ontstaan rond de troonopvolging. Artaxerxes' recht op de troon werd betwist door Cyrus, die een Grieks huurlingenleger op de been bracht om de troon te bemachtigen. De onderneming eindigde in een volledige mislukking. Door deze troonstrijd konden de Griekse steden in Klein-Azië even verlicht ademhalen. Toen Tissaphernes, een oude bekende uit de Deceleïsche Oorlog, benoemd werd tot oppersatraap van heel Klein-Azië, eiste hij de overgave van de steden. Deze vroegen toen hulp aan Sparta. De Spartanen besloten hun pro-Perzische politiek op te geven en namen de rol van beschermers aan. Van 400 tot 396 vocht een Spartaans leger, aangevuld met huurlingen, in Klein-Azië.

De Perzen pakten de Spartanen op het Griekse vasteland aan. Een gezant ging met smeergeld die poleis af waarvan men steun mocht verwachten. Achtereenvolgens meldde hij zich in Thebe, Corinthe, Argos en Athene. Deze vier vormden een bondgenootschap dat met Sparta de zogeheten Corinthische Oorlog (395-387) uitvocht. Aan de Spartaanse controle over de Aegeïsche Zee werd een einde gemaakt in 394, toen de Perzische vloot de Spartaanse versloeg in de slag bij Cnidus. Daarna werden de poleis in dit gebied weer 'bevrijd'.

De Spartanen begrepen dat ze hun macht in de Aegeïsche Zee kwijt waren, maar ze probeerden de hegemonie op het vasteland te behouden. Ze schonken de Klein-Aziatische steden aan Perzië en eisten verder autonomie voor alle andere Griekse staten. De Perzische koning wilde er in 392 nog niets van weten. De door de Spartanen gehoopte ommekeer bleef dus uit. Buiten hun verantwoordelijkheid veranderde de situatie echter zózeer, dat de Perzische koning van standpunt veranderde. De sleutel lag bij Athene, dat zich hersteld had van de nederlaag van 404 en weer ambities begon te koesteren. Een Atheense vloot trok over de Aegeïsche Zee en won nieuwe bondgenoten. Ook steunde Athene in 390 een opstand op Cyprus tegen de Perzische koning, waarmee het Sparta en Perzië in elkaars armen dreef.

In 387 werd de vrede van Antalcidas gesloten, waarin een regeling voor heel Griekenland werd getroffen. Dit is een type verdrag dat in de vierde eeuw veel zou voorkomen: *koinè eirènè* of algemene vrede. Alle Griekse staten zouden 'autonoom' moeten worden. Sparta behartigde als 'zetbaas' de Perzische belangen. In het rijkelijk vage begrip autonomie zat de aantasting van alle bondgenootschappen opgesloten. Elke polis moest voor zichzelf het verdrag tekenen. De autonomie gold niet meer voor de steden die in het bezit van de Perzische koning kwamen. De verliezers bij het verdrag waren Thebe, dat zijn Boeotische Bond moest ontbinden, en Corinthe en Argos, die tot een fusie gekomen waren en deze nu weer moesten opgeven. De Perzische koning was in Griekenland nooit machtiger geweest dan nu.

Sparta kweet zich in de jaren na de vrede zeer fanatiek van zijn politietaken. Overal werden Spartaanse garnizoenen gelegerd. Het verliep allemaal naar wens tot 379, toen een groep Thebanen het gehate garnizoen verjoeg. In het volgende jaar begonnen de nieuwe leiders van Thebe aan een beperkt offensief, waarvan het eerste doel het herstel van de Boeotische Bond was. Successievelijk werden de Spartanen uit Boeotië verdreven. De Atheners maakten gebruik van de gelegenheid en richtten, honderd jaar na de eerste, een tweede Attische Zeebond op met als doel de bestrijding van de Spartanen. De besluitvorming binnen de Bond kwam tot stand via twee lichamen, de Atheense volksvergadering en een permanente Raad van alle bondgenoten, die onderling verbonden waren via verdragen. Athene had blijkbaar geleerd van de geschiedenis. Het schiep nu geen bond die louter een dekmantel van eigen imperialisme was. Ook verkondigde het luid dat er geen sprake zou zijn van klerouchieën of confiscaties.

Samen met Thebe vocht de nieuwe Attische Zeebond tegen de Spartaanse onderdrukkers. Athene bleek de meerdere op zee, waardoor de Spartanen ook op het vasteland in moeilijkheden kwamen. De successen van Athene hadden eveneens tot gevolg dat het toch weer imperiale ambities kreeg die de samenwerking met Thebe bemoeilijkten. De Spartanen hielden hun pogingen om leider van Griekenland te zijn vol tot 371, toen het Spartaanse leger door de Thebanen bij Leuctra werd verslagen. De rol van Sparta was uitgespeeld.

Thebe aan de macht 371-362

De nieuwe orde in Griekenland werd vastgelegd op een congres in Athene. Weer kwam er een koinè eirènè, die iedereen moest erkennen. Vooral op de Peloponnesus was er echter nog genoeg onzekerheid. Sparta was tot 371 op zijn eigen terrein de baas geweest. Nu het echter verslagen was, meenden vele staten op de Peloponnesus dat het uur van hun bevrijding was aangebroken. Tot die tijd hadden autonomieverklaringen wel voor anderen maar niet voor de 'onderdanen' van de Spartanen gegolden. De Arcadiërs richtten in 370 de Arcadische Bond op, en ook andere bondgenoten kwamen in opstand. De Spartanen stuurden er een leger op af en de Arcadiërs riepen de Thebanen te hulp. Het leger van de Boeotische Bond trok de Peloponnesus door en begon aan de ontmanteling van Sparta. De Messeniërs werden in staat gesteld een eigen staat te stichten, waardoor de basis voor het machtsstreven van weleer de Spartanen voorgoed ontviel. Bovendien verergerde het verlies de sociale problemen van Sparta. Het aantal Spartanen dat in het bezit was van een volledig burgerrecht – waarvoor het betalen van een bijdrage een vereiste was – was sinds de vijfde eeuw afgenomen. De oorlog, de inflatie door de hoeveelheid geld die tijdens de Spartaanse hoogtij was binnengebracht, en incidentele rampen hadden in de vierde eeuw voor een verdere decimering gezorgd. Nu de basis van de Messenische heloten was weggevallen, slonk het aantal Spartanen snel.

Na het Thebaanse succes wisselde Athene van bondgenoot. Nu Sparta was uitgeschakeld als belangrijke factor in de politiek, beschouwden de Atheners het als een welkome bondgenoot tegen Thebe. Bovendien wenste Athene weer een rol in het Aegeïsche gebied te spelen. Opnieuw claimde het het beheer over de noordelijke kusten, zodat de graanroute vanuit de Zwarte Zee opnieuw vast in handen van Athene zou komen.

Thebe bleef zich voornamelijk bezighouden met de situatie op de Peloponnesus, aanvankelijk samen met de Arcadische Bond. In 364 kwam het echter tot een conflict in die Bond en in 362 trok een leger van de Boeotische Bond naar Mantinea, waar het werd opgewacht door een coalitie waarvan ook Athene deel uitmaakte. De Boeotische troepen verloren en daarmee was het Thebaanse overwicht op de Peloponnesus voorbij. Athene overleefde de val van Thebe niet lang. Hun bondgenoten maakten zich terecht zorgen over de arrogantie van de Atheense macht en kwamen in opstand, tijdens de zogeheten Bondgenotenoorlog (357-355).

Filosofen over de stadstaat

Athene had zijn leidende rol op artistiek terrein verloren, ook al vond er nog een grote bouwactiviteit plaats, net als elders in Griekenland. In Epidaurus, waar Asclepius werd vereerd, werd een theater gebouwd dat plaats bood aan 12.000 toeschouwers. Vele steden kregen in deze eeuw gymnasia, scholen waar lichamelijke en geestelijke opvoeding werd gegeven. Alleen op het gebied van de beeldhouwkunst is er nog sprake van ontwikkeling. De drie grote beeldhouwers uit deze tijd, Praxiteles, Scopas en Lysippus, brachten vernieuwingen aan in de uitbeelding van figuren. Het algemene 'ideale' type werd vervangen door een individuele benadering.

De historiografie vond in Xenophon (430-354) haar meest prominente beoefenaar. Een vergelijking van Xenophon met zijn voorgangers Herodotus en Thucydides valt echter in het nadeel van de eerste uit. Ook als filosoof deed Xenophon van zich spreken. Hij schreef een 'herinnering aan Socrates', een verdediging van Socrates tegen degenen die hem hadden aangeklaagd. Xenophons oppervlakkigheid kan wellicht worden verklaard uit de overvloed aan onderwerpen waarover hij schreef.

Tegen de achtergrond van de ondergang van de wereld van de poleis moet het ethische en politieke denken van de twee grootste filosofen van de Griekse oudheid, Plato en Aristoteles, worden beschouwd. Beiden hebben getracht een polisvorm te creëren die een vervanging moest zijn voor de bestaande systemen. Plato (429-347) was een leerling van Socrates. Na Socrates' dood in 399 stichtte hij in Athene een school voor filosofie, de Academie, en ondernam hij enkele reizen naar Sicilië. Zijn pogingen om daar zijn politieke ideeën in praktijk te brengen mislukten. Plato heeft zijn ideeën op schrift gesteld in de vorm van dialogen (tweegesprekken). Deze uitdrukkingsvorm beschouwde hij het meest geschikt om een probleem van verschillende kanten te benaderen. In Plato's dialogen staat de ideeënleer centraal. Hij zag de waarneembare wereld niet als een werkelijke, maar als een schijnwereld. De waarheid kan louter worden gevonden in de ideeën. Deze moeten worden opgevat als de essenties, de oervormen, die enkelvoudig, ondeelbaar en onveranderlijk zijn. Slechts het verstand kan deze ideeën bevatten. De waarneembare dingen zijn vergankelijke nabootsingen. In de ideeën kan een rangorde van belangrijkheid worden opgesteld. Bovenaan prijkt de idee van het Goede, het Rechtvaardige.

De idee van het Goede vindt haar uitdrukking in de ideale staat, die Plato in zijn *Politeia* beschreef. Deze staat was voor Plato geen utopie. Omdat in zijn opvatting alle mensen niet dezelfde verstandelijke vermogens hebben en zij dus niet op gelijke wijze kennis van de ideeën hebben, was de positie van iedere burger in de polis afhankelijk van wat hij voor die polis kon betekenen. De regeringsverantwoordelijkheid werd in handen gelegd van de archonten. Zij waren de filosofen die de idee van het Goede kenden en dus de beschikking hadden over de Deugd (de echte kennis). Onder hen stonden de *Phulakes*, de ambtenaren en soldaten, die de filosofen in de praktische uitvoering van hun taak bijstonden. Zij bezaten een mindere kennis van de ideeën. Beide standen werden geacht slechts voor de staat te leven en alles wat gericht was op eigenbelang achterwege te laten. Daarom hadden zij geen privé-bezit en leefden zij in gemeenschap, zonder familieleven. In beide standen was er geen verschil tussen mannen en vrouwen. Beide seksen hadden dezelfde rechten en plichten. Tot de derde stand behoorden de boeren en handwerkslieden. Zij leidden wel een gezinsleven en hadden privé-bezittingen. Hun taak was het om in het levensonderhoud van de andere twee standen te voorzien. Met handel mochten zij zich niet bezighouden; de staat moest autarkisch (selfsupporting) zijn.

In zijn latere leven heeft Plato ingezien dat deze ideale staat niet of nauwelijks te realiseren was. Ongetwijfeld zullen zijn teleurstellende ervaringen op Sicilië daarbij hebben meegespeeld. In de *Politicus*, een dialoog die hij na 369 schreef, hecht hij minder belang aan de staatsvorm dan aan de kwaliteit van de politici. In zijn laatste politieke geschrift *De Wetten* toont Plato een geheel andere staat. De bestuurders worden ondergeschikt gemaakt aan de wetten, die de taken en plichten van alle burgers vastleggen. De burgers zijn nog wel in standen ingedeeld, maar van een superioriteit van de ene stand ten opzichte van de andere is geen sprake meer. Privé-bezit wordt nu, zij het aarzelend, voor alle standen toegestaan. De bestuursvorm herbergt elementen in zich van een monarchie en een democratie.

Een leerling van Plato was Aristoteles (384-322). Na Plato's dood in 347 ging Aristoteles zijn eigen weg en was onder meer de leermeester van Alexander de Grote. In 336 ging hij opnieuw naar Athene, waar hij een eigen filosofische school stichtte, het Lyceum. Omdat hij en zijn opvolgers de gewoonte hadden hun colleges al wandelend in de tuin van het Lyceum te geven, worden zij de peripatetici (de wandelaars) genoemd. Toen in 323 in Athene een anti-Macedonische stemming de kop opstak, voelde Aristoteles zich bedreigd en vluchtte hij naar Chalkis op Euboea. Daar stierf hij een jaar later. Er is geen aspect in het denken van de Grieken te vinden of Aristoteles heeft er wel over geschreven. Vele van zijn geschriften behandelen onderwerpen uit de natuurkunde, de biologie en de literatuur.

Aristoteles' staatsleer is, evenals die van Plato, sterk door de ondergang van de vrije, autonome poleis beïnvloed. Maar anders dan bij zijn voorganger heeft dit bij hem niet geleid tot het ontwerp van een 'ideale staat', maar van een realiseerbare staat. Is bij Plato het individu ondergeschikt aan het staatsbelang, bij Aristoteles is de staat er voor de individuele burgers. Volgens Aristoteles is de staat ontstaan uit de behoefte van individuen om in een gemeenschap met anderen te leven. De mens is dus een *zoön politikon*, een polisvormend wezen. Gestreefd moet worden naar eensgezindheid onder de bewoners van een stadstaat, die niet te groot en niet te klein mag zijn. Omdat de maatschappij bestaat uit verschillende geledingen, moeten ook de rechten en plichten daaraan aangepast worden. Zo zijn de echte burgers slechts zij die deelnemen aan de politiek en de bestuurstaken onder elkaar verdelen. Onder hen neemt de aristocratie – personen met voldoende vrije tijd en vermogen om zich onafhankelijk te kunnen opstellen – een vooraanstaande plaats in. Familieleven en privé-bezit zijn toegestaan. Evenals bij Plato hebben de boeren en de handwerkslieden geen burgerrechten. Aristoteles wijst het instituut van de slavernij niet af, omdat volgens hem sommige mensen van nature zijn voorbestemd om onderworpen te zijn aan anderen.

Aristoteles sluit zijn ogen niet voor de realiteit. Hoewel hij de bovengeschetste polis als ideaal ziet, betrekt hij ook de bestaande monarchie, aristocratie en de politeia (de heerschappij van velen) in zijn beschouwingen. Zolang de bestuurders het algemeen belang maar nastreven, is er geen bezwaar. Zo gauw echter het eigenbelang gaat overheersen, ontaarden deze staatsvormen: de monarchie in een tirannie, de aristocratie in een oligarchie en de politeia in een democratie.

Eveneens in de vierde eeuw ontstond de stroming van het cynisme, van welke richting Diogenes van Sinope de voornaamste representant is. De cynici legden sterk de nadruk op de tegenstelling tussen natuur en wet. Zij wilden leven volgens de natuur, sneden de familiebanden door en voelden zich niet aan een stadstaat gebonden. Hun ideaal was de bevrijding van behoeften en een leven in ascese, moeizame oefening van het lichaam, waardoor de lichamelijke behoeften zouden verdwijnen.

De opkomst van Macedonië

Al in de vijfde eeuw had Macedonië een rol van betekenis gespeeld in de politieke verhoudingen, bevreesd als het was voor de toenemende Atheense expansie. Toch bleef de belangstelling van Macedonië toen nog beperkt tot de noordelijke kusten van het Aegeïsch gebied. Dit zou echter na 359 v.Chr. drastisch veranderen door het optreden van Philippus II, de koning van Macedonië.

De Macedoniërs waren rond 1000 v.Chr. hun woongebied binnengetrokken en stuitten in het zuiden op de inwoners van Thessalië. Hun belangrijkste centrum was Aegae. Van Macedonische vorsten is in de bronnen pas sprake in de zevende eeuw. De vorst bekleedde een patriarchale positie. In de praktijk was het ambt erfelijk, maar volgens de regels moest de nieuwe koning toestemming verkrijgen van de legervergadering. Zijn macht was het sterkst in het zuidelijk deel, dat direct onder zijn bewind viel. In de noordelijke gebieden zwaaiden echter officieel afhankelijke vorsten de scepter en hing het van de persoonlijke begaafdheid van de koning af of hij zijn macht kon realiseren. Aan de noordkant, in het westen en in het oosten werd Macedonië voortdurend bedreigd door Thraciërs, Illyriërs en Grieken, en de 'nationale vorst' moest de verdediging organiseren.

Het merendeel van de Macedoniërs was boer of herder en vormde de kern van het leger. Boven dit 'gewone volk' torenden de edellieden uit, die zichzelf de *hetairoi*, de gezellen van de koning, noemden. Hun macht berustte op hun militaire functie en op grootgrondbezit, dat gestadig groeide doordat de vorst hun stukken land schonk in pas veroverde gebieden. De belangrijkste militaire functie van de hetairoi was hun optreden als ruiter. Het Macedonische leger bestond, in tegenstelling tot de klassieke Griekse legers, niet louter uit zwaarbewapend voetvolk, maar uit een combinatie van infanterie en cavalerie.

Een aantal factoren heeft een rol gespeeld bij het succesvolle optreden van Philippus. Zo was het leger van de Macedoniërs zeer sterk geworden door de ervaring die men in vele gevechten had opgedaan. Bovendien ontwierp Philippus een strijdwijze die zeer effectief was voor een leger dat het van ruiters en infanteristen moest hebben: de ruiters vielen aan nadat de zwaarbewapende infanterie de eerste klap had uitgedeeld. Ook liet hij de ruiterij niet terugtrekken als de slag gewonnen was, maar deze moest zoveel mogelijk tegenstanders elimineren. Naast het bezit van een goed leger en veldheerscapaciteiten speelden ook de verhoudingen in Griekenland in zijn voordeel. Na het instorten van de Thebaanse suprematie was alleen Athene nog als een macht van enige betekenis overgebleven. Het had alleen nog maar een vloot en daarmee enige macht in het Aegeïsch gebied. Ten slotte kon Philippus over de natuurlijke hulpbronnen van zijn land beschikken. De rijke mijnen voorzagen hem van de financiële middelen om een grootscheepse expansie te bedrijven.

Toen Philippus aan de macht kwam, moest hij eerst zijn gezag laten erkennen. Zijn voorganger was samen met 4000 soldaten gesneuveld in een poging de vanuit het westen opdringende Illyriërs te verslaan, en na diens nederlaag zagen ook de Thraciërs hun kans schoon. Philippus wist hen echter te verslaan. Zijn volgende doel was de verovering van de Griekse poleis aan de kusten van Thracië en Macedonië. Daarmee was een conflict met Athene onvermijdelijk. Omdat juist in deze tijd echter de bondgenoten van de tweede Attische Zeebond in opstand kwamen, in de Bondgenotenoorlog (357-355), had Philippus weinig tegenstand te duchten. De oorlog betekende het einde van het tweede Attische 'rijk' en was een groot regionaal succes voor Philippus. In Athene brak het besef door dat de grote internationale rol van Athene was uitgespeeld. Ook al gaf men het imperialisme op, terugkeer tot een autarkische situatie was onmogelijk. Athenes levensbelang eiste dat de verbinding met het Zwarte-Zeegebied, van waaruit het al sinds de zesde eeuw van voedsel werd voorzien, onder controle werd gehouden. Voorlopig echter was Philippus de grote winnaar en beheerste hij in 353 de hele noordkust van de Aegeïsche Zee.

Vervolgens richtte hij zijn blik op Thessalië. Hier kon hij, zoals gebruikelijk was in de politiek in Griekenland, gebruikmaken van interne twisten en zich opwerpen als de grote verdediger van een der betrokken partijen. In 346 v.Chr. werden de conflicten geregeld in de vrede van Philocrates, die alle veroveringen van Philippus legaliseerde. Philippus' invloedssfeer reikte op het vasteland van Griekenland tot bij Delphi, waar hij werd toegelaten tot de oude amphiktyonie, die de zaken van het orakel regelde. Aan de noordelijke kust van de Aegeïsche Zee was hij doorgedrongen tot de zeestraten die de verbinding tussen de Aegeïsche en de Zwarte Zee vormden, en een conflict met Athene dreigde meer dan ooit. Toch zou het nog zes jaar duren voordat de beslissing viel. In deze periode viel Philippus zijn noordelijke en westelijke buren aan. Toen hij daar een kolonie van Corinthe bedreigde, riep deze stad Athene te hulp. De Atheners zonden een vloot. Tegelijkertijd was er een opleving van de Perzische macht in Klein-Azië, en Philippus zag met angst en beven een toenadering tussen Athene en de Perzische koning. Hij vergrootte de druk op de steden in het noorden en rond de Zwarte Zee en verenigde hen in een bondgenootschap.

Tegen deze bedreiging sloten de Atheners in 340 een bondgenootschap met Corinthe, Argos en Messenië. Doel van het bondgenootschap was een algehele oorlog tegen Philippus. Deze coalitie was het hoogtepunt in de carrière van de meest uitgesproken anti-Macedonische staatsman van Athene, Demosthenes, die de Atheners vanaf 352 had voorgehouden dat het grote gevaar uit het noorden kwam. De beslissing viel in 338, toen Philippus' leger de strijdmacht van de Griekse poleis bij Chaeronea versloeg.

Philippus wilde na zijn overwinning een gevoel van eenheid creëren. Daartoe koos hij na 338 voor het panhellenisme, een Oudgrieks ideaal van revanche op de Perzen. Philippus zou de Grieken leiden in een veldtocht die tot doel had de geschonden eer van de Griekse goden te wreken. Hij riep alle Grieken op om in Corinthe een algemene vrede te sluiten. De ondertekenaars besloten elkaars staatsinrichtingen te erkennen en elkaar niet aan te vallen. Mocht deze laatste clausule worden verbroken, dan zou een federaal leger van de lidstaten ingrijpen. De lasten zou men naar draagkracht verdelen, en Philippus II zou de leider worden. Ten slotte verklaarde de Corinthische Bond in 337 de oorlog aan Perzië. In het volgende jaar trok een leger van de Macedoniërs over de Hellespont. Toch zou de echte dreiging voorlopig aan Perzië voorbijgaan omdat Philippus tijdens de bruiloft van zijn dochter werd vermoord.

Alexander de Grote 336-323

In 336 v.Chr. werd Philippus' twintigjarige zoon Alexander door de legervergadering van de Macedoniërs tot koning uitgeroepen. Hij besloot de Perzen werkelijk aan te pakken en de wereld te veroveren. Door zijn optreden werd het oostelijk Middellandse-Zeegebied vaster dan ooit verbonden met het Midden-Oosten. Wat de Perzen in de vijfde eeuw niet gelukt was, werd nu gerealiseerd door de koning van de Macedoniërs. Zijn optreden zou hem de bijnaam 'de Grote' opleveren.

De eerste taak die Alexander wachtte, was het afdwingen van zijn gezag in het hele gebied dat zijn vader beheerst had. Na Philippus' dood kwamen de Thracische en Illyrische vorsten onmiddellijk in opstand. Philippus' rijk was van korte duur geweest en de Macedonische heerschappij werd nog niet als vanzelfsprekend aanvaard. De opstandelingen meenden een reële kans te hebben het juk van Macedonië af te schudden, maar Alexander rukte snel op naar het noorden en maakte duidelijk wie de baas was. Toen hij in het noorden was, verspreidde zich op het Griekse vasteland het bericht dat Alexander gesneuveld was. Tegelijkertijd bood de Perzische koning goud aan die staten aan die een opstand wilden wagen. De Thebanen besloten met steun van onder anderen de Atheners de gok te wagen. Binnen twee weken was het leger van Alexander echter ter plaatse en werd Thebe ingenomen en verwoest. De Griekse poleis hadden hun les geleerd. De orde was hersteld in het hele koninkrijk en de Perzische veldtocht kon beginnen.

In 334 vertrok Alexander. Omdat het leger dat in 336 door zijn vader was uitgestuurd aan de overzijde van de Hellespont twee strategisch gelegen plaatsen beheerste, kon de overtocht zonder problemen plaatsvinden. Alexander nam 30.000 Macedonische infanteristen en 5000 ruiters mee. Daarnaast leverde de Corinthische Bond een vloot van 110 schepen, 7000 infanteristen en 600 ruiters. In Macedonië bleef Antipater, een generaal die al onder Philippus had gevochten, achter. Aanvankelijk was er een duidelijk Perzisch plan. Darius III wilde Alexander laten oprukken tot diep in Klein-Azië en intussen proberen de Grieken tot verzet te bewegen. De satrapen van Klein-Azië gehoorzaamden hem echter niet en brachten een leger bijeen, dat Alexander moest tegenhouden. In de veldslag bij de rivier de Granicus bleek dit een ijdele hoop (334). Tijdens de verdere campagne van dit jaar slaagde Alexander erin de hele westkust van Klein-Azië in bezit te krijgen. Hij beschouwde het veroverde gebied als persoonlijk eigendom, maar deed voortdurend zijn best de pan-Helleense schijn op te houden.

De Perzische koning zag in dat er werkelijk groot gevaar in het westen dreigde. Hij besloot alles op de landstrijdkrachten te concentreren en zag af van pogingen de Aegeïsche Zee te beheersen. In de lente rukte Alexander op door Klein-Azië tot in de Syrische vlakte, waar het leger van Darius III hem opwachtte. De slag bij Issos (333) bezegelde het lot van de Perzen. Darius III sloeg smadelijk op de vlucht en zijn leger werd in de pan gehakt. Het enige wat de Perzen nog restte, was een aanval op Griekenland met de Phoenicisch-Perzische vloot. Daarom richtte Alexander zijn aandacht op de kuststeden. De meeste steden gaven zich snel over maar Tyrus, de belangrijkste, weigerde. Pas na zeven maanden viel de stad en was Alexander in de rug gedekt.

In de winter van 332/331 trok Alexander door naar Egypte, waar hij als de nieuwe farao, zoon van Amon, werd gehuldigd. Inmiddels hadden de Perzen gelegenheid gehad zich te reorganiseren. Darius had een leger bijeengebracht dat de helft groter was dan de verliezende krijgsmacht bij Issos. Bij Gaugamela viel op 1 oktober 331 de beslissing. Na Alexanders overwinning lagen het tweestromenland en Iran voor hem open. Hij nam de grote residenties Babylon, Soesa en Persepolis in. De laatste plaats werd in brand gestoken als symbolische voltooiing van datgene waar het in naam allemaal om ging: de wraak van de Griekse goden. In het voorjaar van 330 werd de Griekse soldaten van de Corinthische Bond gelegenheid gegeven naar huis terug te keren, omdat hun werk was voltooid.

Inmiddels had Alexander veel verregaander plannen ontwikkeld. Na zijn rol als wreker van de Griekse goden nam hij nu de aanspraken van de door hem verslagen Perzische vorst over. Hij wenste het Perzische rijk in de oude glorie te herstellen en als het even kon uit te breiden. Eerst achtervolgde hij de gevluchte Darius III. Toen deze vermoord was door Bessus, een satraap, organiseerde Alexander een grootse begrafenis om de continuïteit van het Perzische koningschap te onderstrepen en zette hij zich in om de dood van zijn 'voorganger' te wreken. Van 330 tot 327 voerde hij in Oost-Perzië een zeer langdurige en harde oorlog. Bessus, de koningsmoordenaar, werd in 329 gevangengenomen en op gruwelijke wijze ter dood gebracht. Pas in 327 was Alexander heerser van heel Perzië.

Na Perzië was 'de wereld' aan de beurt. Alexander besloot een tocht te maken naar het oostelijk einde van de wereld. Hij vertrok in de richting van India, versloeg in 326 een groot leger van de Indische vorst Porus en bereidde een verder offensief voor. Toen de schier eindeloze moesson inzette, brak het moreel van de Macedonische soldaten. De veteranen konden en wilden niet verder. Alexander werd door de natuur verslagen. In 325 trok het leger in drie gedeelten terug. Alexander liet aan de oever van de Indus een vloot bouwen, die vervolgens naar zee voer en onder leiding van Nearchus langs de kust via de Perzische Golf naar de monding van de Eufraat en de Tigris terugkeerde. Alexander trok zelf onder veel ontberingen langs de kust door de woestijn van Gedrosië. Een derde groep trok langs een noordelijke route terug. In 324 waren de Macedoniërs terug op het uitgangspunt: Babylon.

De eerste maanden gebruikte Alexander om ongewenste ontwikkelingen die zich gedurende zijn zesjarige afwezigheid hadden voorgedaan, recht te zetten. Ook besloot hij Babylon tot hoofdstad van zijn wereldrijk te maken. Vanuit Babylon begon hij aan de voorbereiding van een nieuwe expeditie, ditmaal naar Arabië. Ook werd bekend dat Alexander belangrijke nieuwe tochten overwoog, naar de Zwarte Zee, Afrika en het westen van de Middellandse Zee. Voordat echter een van deze plannen werd gerealiseerd, stierf Alexander in 323 aan malaria.

Organisatie van het rijk

Alexander was voornamelijk bezig geweest met de verovering van nieuwe gebieden en was niet in de gelegenheid geweest om een stabiel systeem voor het rijksbestuur te ontwikkelen. Wat Griekenland betrof, berustte zijn bestuur op de regeling van de Corinthische Bond. Als leider van deze Bond zag hij toe op het instandhouden van de status-quo. In feite berustte het toezicht bij de in Europa achtergelaten Antipater. In 331 was de positie van Macedonië in gevaar gebracht door een verbond tussen de Perzische vorst en de koning van Sparta, die de hele Peloponnesus op zijn hand had gekregen. Nog geen jaar later werd Sparta echter vernietigend verslagen bij Megalopolis. Vanaf dat moment was het laatste werkelijke verzet gebroken, waarna een gevoel van berusting zich van de bevolking meester maakte. In 324 werden er door Alexander twee maatregelen genomen voor Griekenland, die groot verzet opriepen, omdat ze duidelijk maakten dat hij de formele verhoudingen niet meer wenste te eerbiedigen. Allereerst liet hij bekendmaken dat alle ballingen naar huis konden terugkeren. Hierdoor maakte hij inbreuk op de autonomie van de Griekse staten, omdat de ballingen officieel niet door hem waren verjaagd, maar door de Griekse staten zelf. In de tweede plaats vroeg hij om goddelijke verering. Het feit dat een Griek tijdens zijn leven als god werd vereerd was niet nieuw. In de vierde eeuw waren grote helden al eerder op één lijn gesteld met de goden, maar toen was het initiatief uitgegaan van de staten zelf.

Voor de Macedoniërs bleef hij de oude 'stamhertog', die zijn vader ook al geweest was. Zij verwachtten dat hij ondanks zijn grote successen niet zou veranderen, hetgeen echter een ijdele hoop bleek. Alexander beschouwde zich als de opvolger van de autocratische vorsten en kreeg steeds meer moeite met de veel genuanceerdere opvatting van het Macedonische koningschap. Zijn Macedonische vrienden raakten van hem vervreemd door zijn nieuwe imago. In Macedonië zelf veranderde weinig omdat de gouverneur Antipater een bekwaam vervanger van de vorst bleek.

In het Nabije Oosten en Egypte koos Alexander voor de voortzetting van bestaande structuren en liet de Perzische satrapieën ongemoeid. Opvallend was wel dat hij zowel inheemse aristocraten als Grieken benoemde op de bestuursposten van deze gebieden. Hij wenste daarmee te onderstrepen dat het rijk van Alexander voortaan zou steunen op een gemengde aristocratie. Dit was niet de enige maatregel die het samengaan moest bevorderen. In 324 ensceneerde Alexander een massale bruiloft. Zelf huwde hij twee Perzische koningsdochters terwijl tachtig hetairoi en tienduizend Macedonische soldaten eveneens een huwelijk met Perzische vrouwen sloten.

Was het voor oosterlingen vanzelfsprekend dat de vorst zich als een absoluut heerser gedroeg en een hofritueel gebruikte dat de totale afhankelijkheid symboliseerde, voor Macedoniërs en Grieken was het een afzichtelijke toestand. Helleense onderdanen die in het stof moesten kruipen bij de begroeting van hun vorst, voelden zich vernederd. Alexander liet het hofritueel echter voor iedereen gelijkelijk gelden. Handhaafde Alexander de bestaande indeling in satrapieën, hij nam ook extra maatregelen ter versteviging van de orde. Tijdens zijn veldtocht wees hij in vele gebieden plaatsen aan waar Grieks-Macedonische 'poleis' gesticht moesten worden, waarvan er vele Alexandrië genoemd werden. Primair had deze 'kolonisatie' een strategisch doel, omdat elke nederzetting een garnizoensplaats werd. De meest bekende stad is Alexandrië in Egypte geworden, dat zou uitgroeien tot een van de belangrijkste centra van de oude wereld. In het oosten behielden de kolonies veel langer hun militaire karakter.

Alexanders tocht en rijksopbouw bevorderden een economische en sociale interactie tussen Griekenland en het Nabije Oosten. Grieken verlieten het moederland en vestigden zich in het oosten. Oosterse religies kregen vaste voet in Griekenland en Griekse producten werden in steeds ruimere hoeveelheden naar het oosten geëxporteerd. De Griekse wereld werd politiek gezien steeds onbelangrijker, omdat de grote beslissingen voortaan werden genomen door Grieken en Macedoniërs in andere gebieden. Griekenland werd vooral gezien als 'bakermat' van de oude cultuur.

Italië van 1000 tot 270 v.Chr.

Aan het begin van het eerste millennium voor Christus was Italië tot rust gekomen. Italië bestond uit een grote verzameling nederzettingen met een vergelijkbaar levenspatroon. Een centraal gezag ontbrak. Alleen in oorlogssituaties verenigden de bewoners van verschillende dorpen zich en vormden ze federaties, die soms uitgroeiden tot grote bonden.

De Etrusken

De situatie veranderde door de komst van de Etrusken. De Griekse geschiedschrijver Herodotus wil ons doen geloven dat de Etrusken afstammelingen waren van de Lydiërs in Klein-Azië. Een deel van hen zou, gedreven door hongersnood, zijn scheepgegaan en terechtgekomen zijn in Italië. Tegengesteld hieraan is de zienswijze dat de Etrusken autochtone bewoners van Italië waren, afstammend van immigranten die al veel eerder Italië waren binnengekomen.

Het 'stamland' van de Etrusken was een gebied dat in het noorden begrensd werd door de rivier de Arno en in het zuiden door de Tiber. Zij bouwden de eerste steden in Italië: Caere, Clusium, Faesulae, Perusia, Tarquinia en Veii. In de loop van de zevende eeuw werd de politieke invloed van de Etrusken ook elders in Italië merkbaar, een gevolg van de economische opleving die Etrurië toen doormaakte. Toename van de bevolking leidde ertoe dat de Etrusken vanaf het midden van de zevende eeuw gebiedsuitbreiding zochten. In noordelijke richting bereikten ze de Povlakte, waar ze verschillende steden stichtten. In zuidelijke richting veroverden zij Latium en Campanië, tot aan Cumae, waar zij op de Griekse kolonisten stuitten. Ook in het westen waren de Etrusken actief. Zij probeerden het westen van de Middellandse Zee te controleren, maar ook op zee werden zij geconfronteerd met tegenstand van de Grieken. In samenwerking met de Phoeniciërs versloegen de Etrusken de Grieken bij Alalia (zie p. 33). Door deze overwinning kwamen zij in het bezit van Corsica en Elba. Het totale grondgebied dat de Etrusken beheersten, strekte zich aan het einde van de zesde eeuw uit van de Alpen tot Napels. Hun invloedssfeer reikte nog verder: van Centraal Europa tot de Straat van Messina.

De Etrusken waren niet georganiseerd onder een centraal gezag. Evenals de Grieken leefden zij in vrije en autonome stadstaten. Aan het hoofd van elk van de steden stond aanvankelijk een koning (*lucumo*), wiens symbool van macht de bijl en de roedebundels (*fasces*) waren. In de loop van de zesde eeuw verdween in de meeste steden de monarchie en die maakte plaats voor een raad van aristocraten. De belangrijkste bestuurder onder hen was de *ziliath*, die de rechtspraak in handen had. De raad werd jaarlijks gekozen, maar kon in crisissituaties langer in functie blijven. De buitenlandse politiek van de Etruskische steden werd bepaald door een bond van twaalf steden.

De maatschappij van de Etrusken was opgebouwd uit twee streng gescheiden groeperingen. De macht was in handen van een kleine bovenlaag van aristocratische families. Deze bezaten de grond en de mijnen. Zij oefenden een sterke controle uit over de rest van de bevolking. Deze onderlaag bestond uit afhankelijken en onvrijen, die werkten in de mijnbouw, de handnijverheid en de landbouw.

De Etrusken hebben op vele gebieden invloed op de omringende volkeren uitgeoefend, met name op de Romeinen. Op religieus gebied namen deze van de Etrusken vele gebruiken over, waaronder de *haruspicina*, de kunst om uit de lever van een offerdier de toekomst te voorspellen. De Etrusken waren goede architecten. Als eersten in Italië bouwden zij steden met een centrum, openbare gebouwen en brede, rechte straten. Zij begroeven hun doden in graven die ofwel in de rotsen waren uitgehouwen of zich in kunstmatige heuvels bevonden. Daar zijn grafkamers aangetroffen met schitterende fresco's die gebeurtenissen uit het dagelijkse leven of mythologische voorstellingen uitbeelden.

Rome in de koningstijd 753-509

Het ontstaan van Rome

Zowel de archeologische bronnen als de literaire gegevens verschaffen voor het ontstaan van de stad Rome lacuneuze informatie. Het traditionele beeld van de stichting van de stad in 753 v.Chr. is voornamelijk bepaald door de verhalen van de geschiedschrijver Livius en de dichter Vergilius. Zij brengen de stichting van Rome in verband met de verwoesting van de stad Troje door de Grieken. Vooral Vergilius beschrijft uitvoerig de belevenissen van de Trojaanse held Aeneas, die na de verwoesting van zijn vaderstad door de Grieken aan een lange zwerftocht begon. Die bracht hem uiteindelijk in Italië, waar hij de dochter van de inheemse koning Latinus huwde en heerste over de Trojanen en de autochtone bewoners. Aeneas' zoon Ascanius, door de Romeinen Julus genoemd, stichtte de stad Alba Longa, die vervolgens door twaalf koningen werd geregeerd. De dertiende koning werd verdreven door zijn broer. De dochter van de afgezette koning bracht twee zonen ter wereld: Romulus en Remus. Toen de nieuwe koning van hun bestaan hoorde, beval hij de tweeling in het water te gooien, maar de stroom van de rivier de Tiber voerde het mandje met de tweeling mee. Een wolvin zoogde hen en ten slotte werden zij door een herdersechtpaar grootgebracht. Volwassen geworden doodden zij de koning en zetten hun grootvader weer op de troon. Na verloop van tijd verlieten zij de stad en gingen op zoek naar een geschikte plaats voor een nieuwe nederzetting. Romulus verkoos de heuvel Palatijn, maar Remus liet het oog vallen op de Aventijn. Zij raakten met elkaar in conflict, waarop Romulus zijn broer in een gevecht doodde en de alleenheerschappij verkreeg over de nederzetting die later naar hem Rome zou worden genoemd.

De door de traditie gegeven stichtingsdatum komt overeen met de archeologische vondsten. Van de zeven heuvels die ten slotte met het tussenliggende land het grondgebied van Rome samen uitmaakten, werd in de achtste eeuw alleen de Palatijn bewoond. Weldra volgden er nederzettingen van herders en landbouwers op de andere heuvels.

In de loop van de zevende eeuw begonnen de bewoners van de heuvels zich langs de hellingen naar beneden te verspreiden. In deze tijd werd ook het moerasgebied tussen de heuvels gedraineerd en ontstond het Forum Romanum, het centrum van het politieke leven in Rome. Aan het einde van de zevende eeuw sloten de bewoners van de verschillende heuvels zich aaneen, waarschijnlijk uit religieuze en militaire overwegingen.

De ontwikkeling naar een 'echte' stad begon tussen 625 en 600. De stuwende kracht daarachter waren de Etrusken, die zich aan het begin van de zesde eeuw meester hadden gemaakt van Rome. Zij stimuleerden een actief bouwbeleid. Het forum en de heuvel Capitool ontwikkelden zich tot stadscentrum.

Sociale en politieke indeling

Tijdens de heerschappij van de Etruskische koningen heeft de Romeinse samenleving zich ontwikkeld tot een standenmaatschappij, met aan de top een kleine, exclusieve, erfelijke groep: de patriciërs, afstammend van de vaders (*patres*) van zeer oude families; zij wisten zich gesteund door een groot aantal *cliënten* (zie onder) en schermden hun positie angstvallig af. Tegenover hen stond een grote meerderheid van onafhankelijke, maar merendeels kwetsbare en arme mensen, de *plebejers*. Vermoedelijk waren de plebejers afstammelingen van vreemdelingen die tijdens de economische opleving van Rome onder de Etrusken vrijwillig of gedwongen naar de stad gekomen waren, en erin geslaagd waren zich, gescheiden van de patriciërs, te handhaven. Zij vormden evenwel geen eenheid. Het Romeinse plebs bestond voor het grootste deel uit kleine boeren. Daarnaast was er een grote plebeïsche bevolkingsgroep die in haar levensonderhoud voorzag met nijverheid en markthandel. Beide groeperingen vertrouwden hun belangen toe aan rijke plebejers, die in economisch opzicht de gelijken waren van de patriciërs, maar niet dezelfde politieke rechten hadden.

Het gebrek aan eenheid onder de plebejers komt mede door het feit dat vele plebejers aan patricische families waren gebonden door een *clientelaverhouding*. Een *cliens* ging met de leider van een patricische familie een verbond aan. Dat betekende een verhouding gebaseerd op vertrouwen. De *patronus* (beschermheer) stelde zich garant voor hulp van materiële en immateriële aard, zoals bescherming tegen willekeur. In ruil daarvoor moest de cliens zijn patronus allerlei wederdiensten bewijzen.

Volgens de overlevering, waar de latere Romeinse historici zich bij aansloten, werd Rome van oudsher bestuurd door koningen, vanaf 753 in totaal zeven. Deze koningen verenigden in zich de functies van rechter, legeraanvoerder en opperrechter. Zij hadden het hoogste gezag: *imperium*, onbeperkte bevoegdheid. De eerste koningen zijn historisch nauwelijks grijpbaar. Aan het begin van de zesde eeuw kwam Rome onder de zeggenschap van de Etrusken. De laatste drie koningen, Tarquinius Priscus, Servius Tullius en Tarquinius Superbus, dragen Etruskische namen.

De koningen werden gekozen en geadviseerd door de senaat. De senatoren hadden levenslang zitting. Hun aantal in de koningstijd is niet bekend, maar zou in de republiek ongeveer driehonderd bedragen. Hun macht was 'deliberatief'; de koning riep de senaat bijeen en consulteerde hen, maar kon hun adviezen naast zich neerleggen.

Aan koning Servius Tullius wordt de instelling van een volksvergadering toegeschreven, waaraan zowel politieke als militaire overwegingen ten grondslag lagen: de *comitia centuriata*. Het vermogen van de burger werd maatgevend voor zijn positie. De bevolking werd verdeeld in vijf vermogensklassen, vergelijkbaar met de vier vermogensklassen in Athene ten tijde van Solon. De comitia centuriata telde 193 centuriae (stemeenheden), waarvan de eerste klasse (patriciërs en rijke plebejers) er 98 leverde. De eerste klasse vormde dus de absolute meerderheid. Bij een eensgezind optreden was verdere stemming overbodig. De tweede, derde en vierde klassen, die minder vermogen bezaten, bestonden elk uit twintig centuriae. De vijfde klasse, waarin de burgers zaten met nauwelijks voldoende inkomen om een slinger te kopen, had dertig centuriae. Buiten deze klassenindeling stonden nog vijf centuriae, waarvan er vier waren samengesteld uit lieden die de technische legerapparatuur bedienden. De laatste centuria was voorbehouden aan de proletariërs. Zij waren de allerarmsten in Rome. Hun benaming *proletarii* (mensen die alleen *proles* ofwel kroost hebben) zegt voldoende. De bevoegdheden van de comitia centuriata kwamen eerst in de republiek goed tot hun recht, toen deze besliste over oorlog en vrede en de consuls en praetoren koos.

Servius Tullius heeft de bevolking ook in vier geografisch bepaalde *tribus* (districten, wijken) ingedeeld. De vier stadsdistricten werden in de volgende eeuwen uitgebreid met een groeiend aantal plattelandsdistricten. In 241 v.Chr. waren dat er eenendertig, terwijl de stad nog steeds de traditionele vierdeling kende.

De standenstrijd 509-287

Ondanks de economische vooruitgang onder de Etruskische koningen groeide het verzet tegen hun heerschappij. Vooral de patriciërs probeerden de macht van de Etruskische koningen te breken. Het laatste kwart van de zesde eeuw bood hun daartoe meer mogelijkheden dan de tijd ervoor. De invloed van de Etrusken was tanende en de onderlinge twisten tussen de Etruskische steden namen toe. In 509 werd koning Tarquinius Superbus verdreven. De patriciërs namen de macht over en schaften het koningschap af. Om te voorkomen dat iemand zich in de toekomst van het koningschap meester zou maken, splitsten zij het imperium. Voortaan kwam dat in handen van twee door de comitia centuriata gekozen magistraten: de *consuls*. Zij werden jaarlijks gekozen en waren niet herkiesbaar. Zij hadden het recht van veto ten opzichte van elkaar, dat wil zeggen dat de ene consul de handelingen van de ander kon blokkeren met zijn *veto* ('ik verbied'). De eenjarige ambtstermijn van de consuls droeg sterk bij tot het groeiende prestige van de senaat. Hoewel dit college een advieslichaam was, werd het vanwege de levenslange zittingsduur van de senatoren sterk bepalend voor het beleid.

De verdwijning van de koningen legde de tegenstellingen tussen patriciërs en plebejers nadrukkelijk bloot. De rijke plebejers wensten politieke erkenning, de armere plebejers land of voedsel. Zolang de plebejers zich niet hecht organiseerden, was de kans op succes gering tegen de eensgezinde patriciërs, die zich gesteund wisten door vele plebejische cliënten. In het begin van de vijfde eeuw slaagden rijke plebejers erin de niet-gebonden plebejers aan hun kant te krijgen. Ze verlieten in 494 v.Chr. de stad en trokken zich terug op de *Mons Sacer* (de heilige berg). Deze 'staking' van de plebejers had succes. De patriciërs moesten concessies doen. De plebejers werd toegestaan een eigen vergadering in te stellen, het *concillum plebis*, die per district stemde (later zou deze vergadering uitgroeien tot de *comitia tributa*). In deze bijeenkomst werden besluiten genomen die rechtsgeldigheid hadden voor de plebejers. Wilde zo'n besluit rechtskracht hebben voor het hele Romeinse volk en een wet worden, dan was bekrachtiging door de senaat noodzakelijk. Ook kozen de plebejers in deze vergadering hun eigen leiders, de volkstribunen. Aanvankelijk waren er twee volkstribunen, later tien. Zij waren onschendbaar; in geval van nood waren de plebejers bereid zich voor hun veiligheid in te zetten. De bevoegdheden van de tribunen berustten op het recht om de plebejers bij te staan tegen de willekeur van de patricische magistraten en op het recht om daadwerkelijk tussenbeide te komen wanneer de wetsvoorstellen of handelwijze van magistraten tegen de belangen van de plebejers indruisten. Dat laatste konden zij effectief maken door hun recht van veto.

De positie van de plebejers was, ondanks deze verworvenheden, nog verre van rooskleurig. In 450 v.Chr. werden de rechtsregels op schrift gezet in de wetten van de twaalf tafelen. Over het geheel genomen waren deze wetten zeer hard voor de allerarmste plebejers. Daarna bereikten de plebejers stapje voor stapje hun doel. Het verbod op huwelijken tussen patriciërs en plebejers werd opgeheven. Ook de instelling van het ambt van censor had voor de vooraanstaande plebeïsche families een gunstige uitwerking. De censor, eens in de vijf jaar gekozen in de comitia centuriata voor een ambtsperiode van anderhalf jaar, kreeg tot taak de burgers naar financiële draagkracht in te delen in een van de vijf vermogensklassen. In 367 v.Chr. kwam de echte doorbraak, toen op voorstel van Licinius en Sextius werd bepaald dat voortaan minstens een van de beide consuls een plebejer moest zijn.

De strijd van de plebejers om politieke erkenning kwam hierna in een stroomversnelling. Naast het consulaat werden nu ook andere ambten voor de plebejers opengesteld. Ze kregen in de volgende decennia het ambt van *quaestor*, een lagere magistraat die zich bezighield met financiële zaken, van *aedilis*, die toezicht hield op de openbare werken, en van *praetor*, die verantwoordelijk was voor de rechtspraak. De praetor stond vlak onder de consul en was evenals deze begiftigd met imperium, algemeen gezag, ook militair.

De carrièremogelijkheden voor de aanzienlijke plebejers werden nu gelijk aan die van de patriciërs. Ook zij konden nu de *cursus honorum*, de vastgestelde ambtelijke carrière, doorlopen. Financiële draagkracht bleef een belangrijke voorwaarde, omdat betaling voor de ambten niet bestond. Het waren dus echte ereambten. De volgende carrière was nu voor hen mogelijk: aedilis, quaestor, praetor, consul en censor. Voor de plebejer bestond de mogelijkheid om, na het ambt van aedilis bekleed te hebben, eerst volkstribuun te worden en daarna zijn ambtelijke carrière voort te zetten.

Het einde van de standenstrijd kwam in 287 v.Chr. Op de dreiging van een nieuwe werkstaking van plebejers werd de *lex Hortensia* uitgevaardigd, waarin werd vastgelegd dat de *plebiscita* (besluiten van het concilium plebis) niet meer de bekrachtiging van de senaat behoefden om *lex*, wet, te kunnen zijn. Deze concessie van de patriciërs werd ingegeven door de gedachte dat de plebejische voormannen nu ook toegang hadden tot de senaat, en dat de volksvergadering onder hun leiding niet tot radicale maatregelen zou overgaan.

De band tussen de plebejische prominenten in de senaat en de arme plebejers werd steeds losser. Het revolutionaire karakter van het volkstribunaat ging verloren. De plebejers in de senaat richtten zich steeds meer naar hun patricische collega's. Vooral de plebejers die ooit het consulaat bekleed hadden, zochten toenadering tot de meest vooraanstaande patriciërs. Zo ontstond de *nobilitas*, een nieuwe elite van families die consuls hadden voortgebracht. De nobiles organiseerden zich hecht via vriendschappen, huwelijken en adopties, zodat er adelsfacties ontstonden. Slechts zelden lieten ze nakomelingen van niet-senatoriale families in hun midden toe. Wie toch tot het consulaat doordrong werd *homo novus* (nieuwe man) genoemd. De tegenstelling patriciërs versus plebejers was politiek niet belangrijk meer.

De Romeinse expansie in Italië 509-270

Hoewel de positie van Rome na het vertrek van de Etrusken was verzwakt, had de stad wel een overwicht op de andere steden in Latium, die waren verenigd in de Latijnse Bond. In het begin van de vijfde eeuw brak er een oorlog uit tussen de Romeinen en de Latijnen. Een verdrag dat tot stand was gekomen door de permanente dreiging van bergvolken uit het oosten en de Etruskische stad Veii in het noorden, luidde een periode in van samenwerking tussen de Romeinen en de lidstaten van de Latijnse Bond. In de verdragsbepalingen werd vastgelegd dat de staten elkaar zouden bijstaan in oorlogen tegen derden, dat zij de vrede onderling voor eeuwig zouden bewaren en dat zij de opbrengsten van gemeenschappelijke oorlogen gezamenlijk zouden verdelen. Bovendien werden aan de burgers van de lidstaten bepaalde privileges verleend. Zo kregen de Latijnen het recht om in Rome handel te drijven (omgekeerd de Romeinen ook in de Latijnse staten) en om een Romeinse vrouw te huwen. Hun kinderen kregen dan automatisch het Romeinse burgerrecht. Wanneer een Latijn zich blijvend in Rome vestigde, kreeg hij zelf direct het Romeinse burgerrecht. Op deze wijze groeiden Rome en de Latijnse steden op sociaal, politiek en cultureel terrein naar elkaar toe.

De acties van de bergvolken Aequi en Volsci, die herhaaldelijk raids in Latium uitvoerden, moeten de Romeinen de nodige problemen hebben bezorgd. Ze moesten in uiterste nood overgaan tot het benoemen van een *dictator*, waarmee de klok tijdelijk werd teruggezet naar de koningstijd. Het verschil was dat de op advies van de senaat door de consuls benoemde dictator niet langer dan een halfjaar in functie mocht blijven. Hij had in die zes maanden wel de alleenheerschappij, daarin bijgestaan door een door hem zelf benoemde assistent, de bevelhebber van de ruiterij (*magister equitum*).

De oorlogen die de Romeinen in de vijfde eeuw voerden, hebben de positie van Rome versterkt. Ze namen bezit van het oorspronkelijke woongebied van hun tegenstanders en stichtten daar *coloniae*, kleine gemeenschappen van boeren-soldaten die meestal niet meer dan driehonderd leden telden. De kolonisten behielden hun Romeins burgerrecht en als zodanig werden zij ingeschreven in een van de nieuwe districten van Rome waartoe de nederzetting behoorde. In de verkiezingstijd konden zij naar Rome reizen om daar in de volksvergaderingen van hun politieke rechten gebruik te maken. Aldus breidde Rome zijn grondgebied uit.

Aan de Romeinse successen kwam een einde door de inval van de Kelten (door de Romeinen Galliërs genoemd). Afkomstig uit Centraal-Europa waren zij rond 500 de Alpen overgetrokken. Zij vestigden zich in de vruchtbare Povlakte, van waaruit zij bij herhaling de Etruskische nederzettingen aanvielen. Zij opereerden daarbij in groepen van enige duizenden. De Etruskische steden waren niet bij machte hun aanvalsdrift te beteugelen en bezweken onder de woeste stormlopen. In 386 v.Chr. trokken enige duizenden van deze Galliërs op in de richting van Rome. Een Romeins leger leed een nederlaag bij de rivier de Allia. De Galliërs trokken daarop de stad binnen, waaruit de bewoners inmiddels waren geëvacueerd, en richtten plunderingen aan. Alleen het Capitool werd niet ingenomen. Haastig aangeknoopte onderhandelingen en een grote afkoopsom bewerkstelligden

G. S. Bernard
GALLIA TRANSPADANA
Atagis
Bergomum
Mediolanum
Addua
Ticinus
Cremona
Clastidium
Placentia
Padus
Trebia
Mutina
Bononia
LIGURIA
Spina
Renus
Marzabotto
Ariminum
Pisa
Faesulae
Arnus
Arretium
Metaurus
Sena Gallica
Ancona
ETRURIA
Cortona
Trasumenus Lacus
Sentinum
Perusia
UMBRIA
ILVA
Clusium
Tiberis
PICENUM
Volsinii
Spoletium
Hadria
MARE ADRIATICUM
Aleria
Tarquinii
CORSICA
Caere
Veii
Corfinium
Roma
Tibur
Alba Fucens
Ostia
Praeneste
Alba
LATIUM
SAMNIUM
Antium
Ausculum
Cannae
Olbia
Capua
Beneventum
Aufidus
SARDINIA
Cumae
CAMPANIA
APULIA
Neapolis
Nola
Pompeii
Tarentum
Paestum
CALABRIA
MARE TYRRHENUM
Metapontum
Heraclaea
Palinuri Promuntur.
MAGNA GRAECIA
Sybaris
Thurii
Kroton
BRUTTIUM
Drepanum
Mt. Eryx
Panormus
Mylae
Kap Pelorus
AEGATES Ins.
Segesta
Himera
Messena
Locri
Lilybaeum
Rhegium
Selinus
SICILIA
Tauromenium
MARE IONIU
Hippo Diarrhytos
Apollonis Promuntur.
Halycos
Catana
Leontini
Utica
Promuntur. Mercurii
Agrigentum
Megara Hyblaea
Carthago
Clupea
Syracusae
Sicca Veneria
Camarina
Zama
Hadrumetum

Italië

de aftocht van de Galliërs. Zij trokken zich terug in de Povlakte, die naar hen door de Romeinen later *Gallia Cisalpina* (Gallia aan deze zijde van de Alpen) werd genoemd.

Voor de Romeinen betekenden de invallen van de Galliërs stagnatie in hun expansie. Pas rond het midden van de vierde eeuw had Rome zich hersteld, zeer tot ongenoegen van de Latijnen, die de toenemende machtspositie van Rome met grote ergernis bezagen.

Zij probeerden zich los te maken uit de groeiende omklemming van Rome, maar werden in 338 v.Chr. verslagen. Een voor een gaven de Latijnse steden zich over en verloren hun onafhankelijkheid. De Latijnse Bond werd opgeheven en de steden werden op verschillende manieren – aan het einde van deze paragraaf zullen zij besproken worden – van hun autonomie beroofd en aan Rome gebonden, een lot dat in de volgende decennia ook de bewoners van Midden- en Zuid-Italië wachtte.

De steden in Campanië stelden vooralsnog hun hoop op de bescherming van Rome tegen de toenemende druk van de Samnieten. Een oorlog tussen de Romeinen en de Samnieten kon niet uitblijven. In 326 v.Chr. vielen de Romeinen de Samnieten in hun bergachtig woongebied aan. Tot hun ontsteltenis moesten zij constateren dat hun legers in de bergen nauwelijks uit de voeten konden. In de Caudijnse passen leed een Romeinse legereenheid in 321 v.Chr. een verpletterende nederlaag, toen zij verrast werd door een Samnietische aanval. Een wapenstilstand op onterende voorwaarden – de soldaten moesten onder een juk van gekruiste speren door – was het gevolg. In de volgende jaren herzagen de Romeinen hun strijdwijze. De via de Etrusken van de Grieken overgenomen strijdwijze van de slaglinie (phalanx), van nut op een open slagveld, werd vervangen door een strijdwijze gebaseerd op legioenformaties. Een legioen bestond nu uit zwaargewapenden en lichtgewapenden, en opereerde in kleinere eenheden. Door deze nieuwe indeling konden militaire opstellingen snel worden veranderd en kon de actieradius worden vergroot.

Na de nederlaag van 321 v.Chr. zag het er voor de Romeinen korte tijd donker uit omdat de Samnieten hulp kregen van Etrusken en Umbriërs. Het was in deze fase van de gevechtshandelingen dat de Romeinen in 312 v.Chr., op instigatie van de censor Appius Claudius, de *Via Appia* aanlegden, een goed geplaveide weg van Rome naar Capua, om snel troepen te kunnen verplaatsen. Na een moeizame strijd kregen de Romeinen de Samnieten in 304 v.Chr. op de knieën. Van een totale onderwerping was nog geen sprake. De Samnieten behielden hun grondgebied, maar hun positie ten opzichte van Rome was verzwakt, omdat vele steden van Apulië en Campanië de zijde van de Romeinen hadden gekozen.

Nog eenmaal lieten de Samnieten van zich horen. In 298 v.Chr. hervatten zij de vijandelijkheden. De kans op succes was niet gering, want tegelijkertijd verklaarden de Galliërs, enige Etruskische steden en enkele Sabijnse stammen Rome de oorlog. In 295 v.Chr. rustten de Romeinen een leger van 40.000 man uit om deze Italische coalitie te bestrijden. Bij Sentinum in Umbrië kwam het tot een beslissende confrontatie. De Romeinen behaalden de overwinning en trokken Samnium binnen. Plunderend en brandstichtend dwongen zij de Samnieten in 290 v.Chr. tot een vernederende vrede, die hen volledig afhankelijk maakte van Rome.

De Romeinse suprematie in Midden-Italië vervulde de Griekse steden in Zuid-Italië met grote vrees. Hun angst was gerechtvaardigd, omdat de traditionele onderlinge tegenstellingen een succesvol verzet in de weg stonden. Dat bleek in 282 v.Chr. In dat jaar vielen de Lucaniërs de Griekse stad Thurii aan. De bewoners wendden zich om hulp niet tot de stad Tarente, groot, welvarend en beschikkend over een goed leger en een machtige vloot, maar tot Rome. Ondanks de waarschuwingen van de Tarentijnen kwamen de Romeinen naar Thurii en legerden er een garnizoen, dat kort daarop door de Tarentijnen werd verdreven. De Romeinen gingen nu tot grootscheepser acties over en trokken het grondgebied van de Tarentijnen binnen. Deze hadden zich verzekerd van de steun van Pyrrhus, de koning van het aan de overkant van de Adriatische Zee gelegen Epirus. De oorlog met Pyrrhus, die in 280 v.Chr. in Italië landde, was de eerste confrontatie van de Romeinen met een generaal uit de hellenistische wereld. De eerste successen waren voor Pyrrhus, maar zijn overwinningen werden met zo veel moeite behaald dat zij spreekwoordelijk 'Pyrrhusoverwinningen' zijn genoemd. De laatste slag was voor de Romeinen. In het bergland van Samnium leed Pyrrhus in 275 v.Chr. een beslissende nederlaag bij Beneventum. Hij verliet Italië en liet de Griekse steden aan de Romeinen.

Organisatie van Italië

De verovering van Tarente en de andere Griekse steden moet beschouwd worden als een voorlopig eindpunt in de Romeinse expansie. Geheel Italië, vanaf de rivier de Rubico, die in het noorden de grens met Gallia Cisalpina markeerde, tot de Straat van Messina, was nu in Romeinse handen. De Romeinen gingen er niet toe over de verschillende stammen op een hardvochtige wijze aan zich te onderwerpen, maar zij bouwden een systeem op waarin de verslagen stammen op verschillende manieren aan Rome werden gebonden.

De gehele bevolking van Italië werd onderscheiden in twee categorieën: de *cives* (Romeinse burgers) en de *socii* (bondgenoten). Beide groeperingen waren weer onderverdeeld. De cives in *cives optimo iure* (burgers met volledig burgerrecht) en *cives sine suffragio* (burgers zonder stemrecht), de socii in *socii Latini* (bondgenoten met Latijns burgerrecht) en *socii Italici* (bondgenoten zonder privileges). De burgers met volledig burgerrecht woonden in de stadsdistricten van Rome of in de Romeinse districten op het platteland, waar nieuwe leefgemeenschappen werden ingericht. Sommige *municipia* (niet-Romeinse steden) kregen het Romeinse burgerrecht. Een municipium mocht zijn interne aangelegenheden zelf regelen, maar was voor zijn verdere activiteiten afhankelijk van Rome. De Romeinen bleven vooral kolonies stichten in gebieden waarvan de loyaliteit van de bewoners in twijfel werd getrokken of waar een militaire bezetting uit zuiver strategische motieven noodzakelijk werd geacht. De burgers met beperkt burgerrecht behielden het burgerrecht van hun eigen stad. Hun buitenlandse en militaire politiek was evenwel volledig afhankelijk van Rome. Zij hadden het recht om naar Rome te verhuizen en dan het volledige Romeinse burgerrecht te verkrijgen. De verlening van het beperkte burgerrecht was vermoedelijk een fase op de weg naar het volledige burgerrecht.

Onder de bondgenoten waren degenen met het Latijnse burgerrecht bevoorrecht. Zij hadden het recht om naar Rome te verhuizen en het Romeinse burgerrecht te verwerven. De steden waarin deze bondgenoten woonden, behielden een zekere zelfstandigheid. Wel waren zij verplicht de door de Romeinen gevraagde troepen te leveren. Deze manschappen dienden niet in de Romeinse legioenen, maar in aparte afdelingen, die *auxilia* (hulptroepen) werden genoemd. De overige bondgenoten waren aan Rome verbonden door bilaterale verdragen, die sterk de sfeer ademden van een door Rome opgelegde ongelijkheid. Hun buitenlandse en militaire politiek werd volledig door de Romeinen bepaald.

Religie

De godsdienst van de vroegste bewoners van Rome is moeilijk te achterhalen. Reeds in de koningstijd en de vroege republiek werden invloeden van de Etruskische en Griekse religie merkbaar. Zeker is wel dat de Romeinse religie in oorsprong animistisch was, dat wil zeggen dat men geloofde in natuurkrachten die door een bepaalde wilsuiting de mensen raakten. Deze krachten werden verheven tot onpersoonlijke goden. Iedere god of godin werd op een vaste plaats vereerd. Omdat aan de goden geen menselijke gestalte werd toegedacht, werden zij niet met godenbeelden vereerd. Iedere god had een specifieke functie. Zo kende men bijvoorbeeld Flora en Seia, godinnen van de groei, en Silvanus, de god van het woud. Daarnaast waren er de goden die functies hadden in het huiselijk leven van de Romeinen: Vesta, de godin van de haard, de Penates, de goden van de voorraadkamer, en de Lares, de beschermgoden van het huis.

De verering van de goden en de religieuze handelingen die daarvoor nodig waren, behoorden tot de verantwoordelijkheden van priesters, de *pontifices*. Zij gingen voor in de offerplechtigheden, die uit naam van de staat werden gehouden, en stelden de religieuze kalender op. Aan het hoofd van de priesters stond de *pontifex maximus*, de opperpriester, die door het volk werd gekozen. Tussen de priesters bestond een nauw omschreven taakverdeling. De *flamines* zorgden voornamelijk voor het ritueel bij de erediensten, de *fetiales* waren belast met de handhaving en toepassing van de sacrale tradities op het gebied van het volkenrecht. De *augures* moesten door de waarneming van bepaalde tekens de wil der goden zien te achterhalen.

De eerste goden die in gepersonifieerde vorm in Rome werden vereerd, werden door de Etrusken binnengebracht. Aan het slot van de zesde eeuw waren er vier, die alle een politieke functie hadden: Jupiter, Juno, Minerva en Mars. Jupiter, de oude Italische hemelgod, werd de beschermgod van Rome. Ter ere van hem hielden Romeinse generaals na overwinningen een *triumphus*, een triomftocht, een gebruik dat tot ver in de keizertijd in ere zou blijven. Juno was de beschermster van de vrouwen en Minerva de patrones van de handwerkslieden. Mars, oorspronkelijk een Romeinse vruchtbaarheidsgod, werd nu de god van de oorlog die de Romeinse akkers beschermde. Ook rituele handelingen werden van de Etrusken overgenomen, zoals de haruspicina, de kunst om uit de levers van offerdieren de toekomst te voorspellen. In het begin van de vijfde eeuw werd in Rome op religieus gebied de Griekse invloed vanuit Zuid-Italië merkbaar en deden Griekse goden hun intrede. Een enkele, zoals Apollo, werd onder zijn Griekse naam vereerd, maar de meeste kregen Latijnse namen. In de derde eeuw waren Griekse goden niet meer uit de Romeinse godsdienst weg te denken. Hermes kreeg de naam Mercurius, Artemis werd Diana, Aphrodite werd als Venus vereerd en Athene werd geïdentificeerd met Minerva. De Griekse oppergod Zeus werd gelijkgesteld met Jupiter, zijn echtgenote Hera met Juno.

Met de komst van de Griekse goden was de verering van de oude natuurgoden niet geheel verdwenen. Vooral op het platteland en in de huiselijke kring werden zij nog vereerd. De cultus van Vesta, oorspronkelijk de godin van de haard, ging ook een belangrijke plaats in de openbare godsdienst innemen. Haar heiligdom op het Forum Romanum werd de haard van de Romeinse staat. In de Vestatempel werd het vuur, het levenselement, altijd brandend gehouden.

Het ontstaan van grote rijken rond de Middellandse Zee

Vanaf de derde eeuw voor Christus werd het Middellandse-Zeegebied politiek gezien steeds meer een eenheid. De hellenistische staten die ontstonden uit het rijk van Alexander de Grote, vochten aanvankelijk nog ongehinderd met elkaar om de suprematie in het oosten van de Middellandse Zee. Maar in 215 v.Chr. raakte hun lot verweven met dat van een nieuwkomer op het wereldtoneel, Rome. In dat jaar sloot Philippus V van Macedonië een verbond met de Carthaagse aanvoerder Hannibal tegen Rome.

De Diadochenoorlogen 323-276

Toen Alexander stierf, was er geen erfopvolger. Wel bracht een van zijn vrouwen enige weken na zijn dood een zoontje ter wereld en was er een geesteszieke halfbroer. Er waren echter genoeg pretendenten onder de Macedonische generaals en satrapen van Alexander. Sommigen, zoals Ptolemaeus, de satraap van Egypte, wilden vanaf het begin een deling van het rijk in bestuurbare delen. Anderen, onder wie Perdiccas, die na Alexanders dood in Babylon als regent opereerde, en Antigonus Eenoog, die ontevreden was met het hem gegeven gebied in Klein-Azië, probeerden echter de erfenis bij elkaar te houden. Zij wierpen zich meestal op als de verdedigers van de troonaanspraken van Alexanders zoon of halfbroer. Op den duur zou echter de eerste groep winnen.

Op de dood van Alexander volgden twee opstanden. In het oosten besloten de bewoners van de Griekse kolonies hun bewakingstaak te laten voor wat hij was en naar huis te trekken. De tocht van dertigduizend Grieken werd echter door de Perzische ruiterij tot staan gebracht, waarop zij weer terugkeerden naar hun nieuwe woonplaatsen. Ook de Grieken in het moederland waren in opstand gekomen. De anti-Macedonische factie in Athene stelde zich aan het hoofd van het verzet dat uitmondde in de Lamische oorlog (323-321). Na enige successen trokken de Atheners tegen Antipater echter aan het kortste eind. Hiermee was de rol van Athene definitief uitgespeeld.

In de rest van het rijk bleef het rustig. Eerst vond overal een Macedonische reactie tegen de versmeltingspolitiek van Alexander plaats. Alle hogere posten in het rijk werden 'gezuiverd'. Alleen Grieken en Macedoniërs mochten die plaatsen bezetten. Omdat de door Alexander verslagen volken zich rustig hielden, kon de onderlinge machtsstrijd tussen de opvolgers (*diadochen*) beginnen. Een voorlopige beslissing viel in 301, toen in de slag bij Ipsus Antigonus Eenoog, de laatste strijder voor de eenheid, werd verslagen door een coalitie van alle anderen. Het rijk werd verdeeld in vier stukken: Ptolemaeus kreeg Egypte; Seleucus, die na de dood van de Perdiccas in Babylon heerste, ontving Azië op Klein-Azië na, dat toeviel aan Lysimachus. De situatie in Griekenland en Macedonië, waar vorsten elkaar snel opvolgden, was onoverzichtelijk. Nog gecompliceerder werd de situatie daar door een inval van de Galliërs in 279. Pas in 276 stabiliseerde de toestand zich, toen Antigonus Gonatas, een kleinzoon van Antigonus Eenoog, erin slaagde de Galliërs te verslaan en heel Macedonië en Griekenland onder zijn bewind te verenigen.

Lysimachus werd in 281 verslagen door Seleucus, die zich van zijn grondgebied meester maakte. Vanaf 276 was er sprake van een driedeling: Egypte onder de Ptolemaeën, Azië onder de Seleuciden en Macedonië-Griekenland onder de Antigoniden. De politieke verhoudingen tussen deze gebieden werden bepaald door een politiek van machtsevenwicht. Alleen Pergamum en Rhodos bleven zelfstandig.

De binnenlandse politiek van de diadochen werd bepaald door de eisen die de buitenlandse politiek stelde. Om mee te tellen was elk rijk verplicht een groot leger en een aanzienlijke vloot te onderhouden. De legers bestonden vooral uit goedbetaalde huurlingen, van wie de meesten Grieken waren. Omdat de legerkosten zwaar drukten, werden er steeds belastingen geheven.

'Balance of power'-politiek betekende natuurlijk niet dat er rust en vrede heerste. Voortdurend probeerden de drie vorsten elkaar gebieden afhandig te maken. Handelsmotieven speelden daarbij geen rol. Telkens verkondigden zij in hun propaganda de 'vrijheid' van de Grieken en probeerden daarna om het moederland te veroveren. Tussen de Seleuciden en de Ptolemaeën werden in de derde en tweede eeuw voor Christus zeven Syrische oorlogen uitgevochten, met als inzet het bezit van de Syrisch-Palestijnse vlakte.

De hellenistische rijken

In de structuur van Macedonië veranderde in de derde eeuw weinig. Rond de vorst bleef een kring van hetairoi, en het voetvolk werd zoals vroeger geleverd door de boeren. Het inkomen van de vorst kwam voornamelijk uit de grote koninklijke domeinen en uit de mijnen. Griekenland bestond nog steeds uit poleis, maar de meeste hadden geen enkele politieke betekenis meer. Er ontstonden nieuwe confederaties van poleis, zoals de Achaeïsche (op de Peloponnesus) en Aetolische Bond (Noordwest-Griekenland). Ze weken van eerdere bonden af, doordat niet een van de 'poleis'-leden de hegemonie voerde.

Economisch beleefde Griekenland in het begin van de derde eeuw een periode van opbloei, omdat de hellenistische rijken werden geleid door een Macedonisch-Griekse elite, die zich wenste te voorzien van alle Griekse luxegoederen die maar voorradig waren. Deze consumptiedrift stimuleerde korte tijd de productie van die goederen in Griekenland.

De derde eeuw was voor Griekenland vooral een periode van groeiende sociale tegenstellingen. De armen konden van de economische groei niet meeprofiteren en werden in een steeds slechtere positie gedrukt. Bovendien verdween de economische groei toen overal in de hellenistische wereld de productie op lokaal niveau van de grond kwam en men niet meer uit Griekenland hoefde te importeren. Imitatie van oorspronkelijk Griekse producten veroverde de markt.

In vele steden kwam het tot burgeroorlogen, waarvan die in Sparta het best gedocumenteerd is. Het aantal burgers met het volledige burgerrecht was daar teruggelopen tot 700, een schamel restant voor een samenleving die in de zesde eeuw nog 9000 homoioi kende. Enige Spartaanse koningen probeerden tevergeefs hervormingen door te voeren. In sommige Griekse steden stak de tirannie de kop weer op. Twee eilanden, Rhodos en Delos, belangrijke schakels in de handelswegen naar alle delen van de mediterrane wereld, kwamen juist in deze periode tot grote bloei.

In Egypte was de Ptolemaeïsche vorst de opvolger van de farao's en hij heerste over een gebied dat werd bewoond door een volk met een lange traditie. De Macedonische toplaag kwam als het ware boven op de bestaande Egyptische orde. De koningspositie was hier theoretisch het sterkst, omdat de farao zich eigenaar kon noemen van al het land in Egypte waarvan een deel aan de tempels was verpacht. Een ander deel kon hij aan de Griekse huurlingen aanbieden, die hun stuk grond vaak weer verder verpachtten aan Egyptenaren. De koning kreeg inkomsten uit de koninklijke domeinen en uit de belastingen die drukten op alles wat belastbaar was. Naast deze wurgende greep via de belastingen was er het toezicht op handel en nijverheid, in de vorm van een aparte 'minister' die moest toezien op het produceren van goederen.

Egypte was een dorpensamenleving en bleef dat, met Alexandrië, dat zich in stormachtig tempo tot de grootste Griekse stad (400.000 inwoners) ontwikkelde, als de grote uitzondering. De Grieken en Macedoniërs in de rest van het land hechtten een grote waarde aan hun eigen cultuur en organiseerden zich om assimilatie tegen te gaan en de volgende generaties in de vertrouwde Griekse cultuur in te wijden.

Het derde grote rijk uit Alexanders erfenis was het meest complex van samenstelling. Het was in grote lijnen de erfenis van het Perzische rijk en een verzameling van allerlei volkeren. De meest oostelijk gelegen gebieden neigden voortdurend tot afscheiding, en in de derde eeuw vielen Parthië en Baktrië ook werkelijk af. De Seleuciden namen de Perzische structuur, die Alexander ook al gerespecteerd had, aanvankelijk over. Satrapen konden in hun ambtsgebied heersen als koningen in het klein. Later bracht men een belangrijke wijziging aan door de militaire aangelegenheden over te dragen aan nieuwe ambtenaren, de zogeheten strategen. Naast deze behoudende opstelling streefden de Seleuciden echter ook enthousiast een Macedoniseringspolitiek na, die gestalte kreeg in een zeer indrukwekkend kolonisatieprogramma overal in het rijk. De Seleuciden gaven hiermee duidelijk aan dat zij voor het beheersen van het rijk op Macedoniërs en Grieken wensten te steunen.

De samenlevingen die geleid werden door Macedonische generaals die zich tot hellenistisch koning hadden uitgeroepen, kregen een aantal culturele kenmerken die 'Grieks' kunnen worden genoemd. Allereerst was er het Grieks, dat overal in de hellenistische rijken de officiële taal werd. Het Aramees, dat tot de komst van Alexander als zodanig dienst had gedaan, moest wijken voor het zogeheten koinè-Grieks. Verder werd de stedelijke levenswijze geëxporteerd. Tot ver in het oosten verrezen steden, die een duidelijk Griekse planning te zien gaven. Net als in de oude Griekse steden lag ook hier de agora, ontmoetingsplaats en communaal centrum, centraal. Soms waren de hellenistische stichtingen niet meer dan een klein stadscentrum, maar er ontwikkelden zich ook Griekse wereldsteden: in Egypte Alexandrië, in het Seleucidenrijk Antiochië en Seleuceia. De Griekse bovenlaag die zich hier gevestigd had, creëerde een miniatuur-Griekenland: overal verrezen Griekse tempels en openbare gebouwen. Ook hielden de Grieken vast aan een traditioneel-Helleense opvoeding waarbij de nieuwe generaties in de vertrouwde waarden werden ingewijd. De vorsten steunden de Griekse cultuur van harte en namen Griekse geleerden in dienst aan hun hoven.

In de hellenistische godsdienst valt een aantal verschijnselen op. Moeiteloos werden inheemse goden geïdentificeerd met Griekse. Daarnaast verspreidde zich een aantal goden en culten uit het Nabije Oosten en Egypte in Griekenland en de Griekse kolonies, zoals de cultus van de Egyptische vruchtbaarheidsgodin Isis. Zij nam veel trekken van Demeter over. In het algemeen leefden de inheemse gemeenschappen voort zoals ze dat ook in het Perzische rijk hadden gedaan. Hun cultuur is weinig beïnvloed door de aanwezigheid van de Macedoniërs en Grieken in hun midden.

Filosofen over de mens

In de ethische filosofie ontstonden twee nieuwe stromingen, het stoïcisme en het epicurisme, waarvan vooral de eerste een langdurige invloed op de latere geschiedenis zou uitoefenen. Het stoïcisme kreeg zijn naam van de *Stoa poikilè*, een zuilengang te Athene aan de agora, waar Zeno van Citium rond 300 v.Chr. zijn leerlingen verzamelde. Het stoïcisme ging ervan uit dat de wereld bestond en zich ontwikkelde volgens een goddelijk plan. De stoïsche wijsgeer besteedde zijn tijd aan het doorgronden van dit plan. Voor het dagelijkse bestaan was het aan te raden zoveel mogelijk mee te werken aan het goddelijk plan. Op tegenslag die het menselijk lichaam raakte, moest zonder emotie (*apatheia*) gereageerd worden zodat de menselijke ziel er niet wezenlijk door werd aangetast. Opvallend is dat de hellenistische filosofie vooral aandacht heeft voor de mens die losstaat van een politieke context. Was de echte mens voor de grote filosofen van de vierde eeuw nog primair zoön politikon, nu is er een kosmopolitisch uitgangspunt. Dit kwam natuurlijk goed overeen met de politieke realiteit van het hellenisme.

Het epicurisme, genoemd naar de grondlegger Epicurus van Samos (341-270), zag als het hoogste ideaal het bereiken van genot. Daaronder verstonden de aanhangers van deze leer een toestand van evenwicht, die ontstond wanneer de geest volkomen rustig was en het lichaam zonder pijn (*ataraxia*).

De groei van het Romeinse rijk 270-133

De Romeinse expansie heeft grotendeels haar beslag gekregen in de jaren 264-133. In die periode breidden de Romeinen hun rijk uit, in westelijke richting tot Spanje, oostwaarts tot Klein-Azië. De Romeinen zelf voerden altijd als reden voor de veroveringen aan dat zij dit deden ter verdediging van zichzelf en de bondgenoten. De expansie werd door hen beschouwd als een preventieve defensie tegen de mogelijke agressie van Carthago en de hellenistische staten. In enkele gevallen was dat ook zo, maar het staat vast dat de competitieve sfeer binnen de senaat niet zelden een drijvende kracht is geweest om een oorlog te beginnen. De senatoren hoopten door de veroveringstochten hun rijkdom en prestige te vergroten. Het verlangen naar roem en eer was groot en vond zijn bekroning in het houden van een triomftocht. Maar daarvoor moest de betrokkene wel een aansprekende overwinning hebben behaald, en dat kon na de verovering van geheel Italië alleen ver buiten de landsgrenzen.

De eerste tegenstander met wie de Romeinen werden geconfronteerd, was tevens de gevaarlijkste in de ruim 130 jaar dat de gebiedsuitbreiding gestalte kreeg. De moeilijkheden begonnen toen de Mamertijnen, voormalige huurlingen uit het leger van Hiëro, de tiran van Syracuse, de Romeinen te hulp riepen tegen Syracuse én Carthago. Na een korte aarzeling staken de Romeinen over naar Messina. Het werd weldra duidelijk dat de

Mamertijnen en Hiëro geen rol van betekenis speelden. Een uitslag van het conflict tussen Rome en Carthago was nauwelijks voorspelbaar. De Romeinse legioenen waren zeker zo goed als de Carthaagse troepen, die gerekruteerd waren uit huurlingen. De Romeinse vloot was evenwel niet opgewassen tegen de Carthaagse. Maar de Romeinen leerden snel. Zij bouwden een oorlogsvloot, bestudeerden de nautische tactieken, en wisten de Carthagers enkele gevoelige nederlagen toe te brengen. Een beslissing konden zij niet forceren, omdat een groot deel van de vloot door stormen verloren ging. De oorlog dreigde voor de Romeinen slecht af te lopen, toen in 247 v.Chr. de Carthagers op Sicilië een nieuw offensief inzetten, dat zich zelfs uitstrekte tot de kusten van Italië. Met inspanning van alle krachten – de staatskas was uitgeput en een particuliere inzamelingsactie was nodig om de financiën bijeen te krijgen – werd een nieuwe vloot op het water gebracht. Bij de Aegatische Eilanden versloegen de Romeinen in 242 v.Chr. de Carthaagse vloot. Verstoken van hulp vanuit zee moesten de Carthaagse steunpunten van Sicilië zich aan de Romeinen overgeven.

De vrede, getekend in 241 v.Chr., bracht Rome in het bezit van Sicilië. Dat gebied werd niet bij het Romeinse grondgebied gevoegd op de wijze zoals dat in Italië was gebeurd. Sicilië werd de eerste provincie van het Romeinse rijk en werd door de senaat aan een van de praetoren als ambtsgebied gegeven. Zijn voornaamste taken waren de zorg voor de inning van de belastingen en de controle op het doen en laten van de eilandbewoners. Vier jaar later werden ook Sardinië en Corsica als Romeinse provincies ingericht.

Ook in het noorden gingen de Romeinen tot acties over. Om in de toekomst gevrijwaard te blijven van Gallische invallen breidden de Romeinen hun grondgebied noordwaarts uit tot aan de Alpen. In 220 v.Chr. werd de Povlakte als nieuwe provincie Gallia Cisalpina bij het Romeinse gebied gevoegd.

In deze jaren richtten de Romeinen de blik ook naar het oosten. Zij versloegen de Illyrische piraten, onder leiding van de eigenzinnige koningin Teuta. Het Illyrische grondgebied werd een Romeins protectoraat, dat wil zeggen dat het gebied onder de patronage van de Romeinse senaat kwam. Tot annexatie werd nog niet overgegaan, slechts een smalle kuststrook werd in bezit genomen. Deze acties op de Balkan werden met argwaan bekeken door de Macedoniërs.

De Carthagers hadden intussen na het verlies van Sicilië, Sardinië en Corsica compensatie gevonden in Spanje. In 226 v.Chr. sloten de Romeinen met de Carthagers een verdrag, waarin uitdrukkelijk de rivier de Ebro als grens van beider invloedssfeer werd aangemerkt. Afdoende was deze overeenkomst niet. Saguntum, een stad ten zuiden van de Ebro en 'dus' vallend onder de jurisdictie van de Carthagers, onderhield in het jaar 220 v.Chr. nauwe banden met de Romeinen. De Carthagers sloegen een beleg rond de stad Saguntum, die weigerde zich aan de Carthagers over te geven. Een gezantschap van de Saguntijnen vond in Rome wel een gewillig oor, maar hulp werd nog niet geboden. Saguntum viel, waarmee de Tweede Punische Oorlog (218-201) een feit was.

Terwijl de Romeinen voorbereidingen troffen om de Carthagers zowel in Spanje als vanuit Sicilië in Afrika te bestrijden, trok de Carthaagse generaal Hannibal met een reusachtig leger langs de Pyreneeën en over de Alpen naar Italië. Voordat de Romeinen erop bedacht waren, zette Hannibal voet op Italische bodem. Een Romeins leger werd door hem in 218 v.Chr. verslagen bij de rivier de Trebia, een zijrivier van de Po. In het voorjaar van 217 v.Chr. trok hij Etrurië binnen en hoopte de bewoners tot afval van Rome te bewegen. Hoewel die pogingen mislukten, was hij met de wapens wel succesvol. Bij het Trasimeense meer bracht hij een tweede Romeins leger een verpletterende nederlaag toe. Brandstichtend en plunderend trok het Carthaagse leger naar Apulië.

De zeer kritieke situatie deed de Romeinen grijpen naar het laatste redmiddel: de dictator. Zij benoemden Fabius Maximus tot dictator. Hij besloot om de Carthagers niet tot een strijd uit te dagen, maar hen voortdurend te achtervolgen. Op deze wijze hoopte hij de Carthagers, die niet op sympathie van de bevolking konden rekenen, uit te putten. Inderdaad gebeurde dat, maar de Romeinse senaat was daarmee niet tevreden en verlengde het commando van Fabius niet. Men stuurde een leger op Hannibal af, die nog altijd plunderend door Apulië trok. Bij Cannae kwam het in 216 v.Chr. tot een veldslag, die voor de Romeinen desastreus afliep. Bijna het gehele leger, dat 50.000 tot 80.000 man groot was, werd gedood. Desondanks bleven de meeste bondgenoten in Noord- en Midden-Italië Rome trouw.

De Carthagers in Italië bleven verstoken van hulp uit het moederland omdat de zeeën gecontroleerd werden door de Romeinen. Zodoende konden de Romeinen zich herstellen van de toegebrachte verliezen en gaan denken aan tegenoffensieven. In 211 v.Chr. gingen zij tot de aanval over en Syracuse, dat de zijde van Carthago had gekozen, moest zich overgeven, evenals Capua, dat korte tijd na de slag bij Cannae van Rome was afgevallen.

In de volgende jaren werden de Carthagers volledig in het defensief gedrongen. Het leger van Hannibal geraakte in grote moeilijkheden omdat versterkingen uitbleven. Hannibals hoop was gevestigd op zijn broer Hasdrubal, die in Spanje vele manschappen op de been bracht om het benarde leger in Italië te kunnen bijstaan. Hij verscheen inderdaad in Italië, maar een verbinding met het leger van Hannibal bleef uit. Hasdrubal werd bij de rivier de Metaurus verslagen.

Hannibals positie in Italië werd steeds neteliger, nu hulp uitbleef. Bovendien sloot Philippus V van Macedonië, die in 215 steun aan Hannibal had toegezegd, vrede met de Romeinen, waardoor deze de handen vrij hadden om de Carthagers te bestrijden. De ambitieuze Scipio drong aan op een bestrijding van de Carthagers in Noord-Afrika. Hannibal zou volgens hem dan gedwongen zijn Italië te verlaten. Scipio's landing in Afrika wekte de nodige paniek bij de Carthagers. Zij vroegen in 203 v.Chr. om een wapenstilstand en riepen Hannibal uit Italië terug. Hannibals komst gaf de Carthagers nieuwe moed; zij verbraken de wapenstilstand. Bij Zama kwam het in 202 v.Chr. tot een beslissende slag. De Romeinen wonnen. Deze overwinning maakte de weg vrij voor een vrede, waarin Rome de voorwaarden dicteerde: Carthago moest praktisch zijn hele oorlogsvloot opgeven en een grote schatting betalen. Als politieke mogendheid had Carthago afgedaan.

Na de overwinning op Carthago maakten de Romeinen geen geheim meer van hun imperialistische politiek. Ze waren actief op twee fronten. In het westen kwam Spanje in 197 v.Chr. geheel in Romeinse handen, waarna twee deelprovincies werden geformeerd: Hispania Citerior en Hispania Ulterior. In het oosten was de situatie veel ingewikkelder. De drie hellenistische koninkrijken Egypte, Macedonië en Syrië waren niet te onderschatten tegenstanders. Een geluk voor de Romeinen was dat de koningen van deze rijken elkaar nauwlettend controleerden en niet gezamenlijk opereerden. Toen de Macedoniërs hun invloed uitbreidden in de richting van Illyrië zagen de Romeinen dat als een aantasting van hun gezag. De aspiraties van de Macedonische koning Philippus in de richting van Griekenland riepen de ergernis op van de Grieken. Zij wendden zich tot Rome om hulp. Pas na lang aarzelen gaf de senaat toe en begon in 200 v.Chr. een oorlog tegen Macedonië. De Romeinen deden er drie jaar over om de Macedoniërs op de knieën te krijgen.

De Romeinen raakten steeds meer betrokken in het internationale machtsspel in het oosten, toen ze plechtig de vrijheid van de Griekse steden afkondigden. Deze proclamatie wekte de woede op van Antiochus III, de koning van het Seleucidenrijk. Ook in Griekenland zelf verminderde het enthousiasme voor de Romeinse bemoeienissen, omdat van de beloofde vrijheid niet veel terechtkwam. Antiochus rook zijn kans. In 192 v.Chr. stak hij de Hellespont over 'om de Grieken te bevrijden'. Zijn tocht verliep rampzalig. In de Thermopylaepas werd hij tot stilstand gebracht en genoodzaakt naar Klein-Azië terug te keren. Een Romeins leger werd op hem afgestuurd, dat in 189 v.Chr. een beslissende overwinning behaalde. Antiochus moest bij de vrede, die een jaar later werd gesloten, afstand doen van Klein-Azië. De Romeinen richtten dat gebied niet in als provincie, maar verleenden de trouwe bondgenoten Rhodos en Pergamum het recht om het te besturen.

De volgende tien jaren gaven geen grote militaire confrontaties te zien. Verzwakt als zij waren, deden de hellenistische rijken geen serieuze pogingen het verloren terrein te herwinnen. Pas toen in Macedonië Philippus' zoon Perseus zich met grote energie aan de opbouw van zijn land en aan het herstel van de Macedonische invloed in het buitenland zette, werd de tijd rijp voor nieuwe conflicten. In 172 v.Chr. begonnen de Romeinen de oorlog, die zij in 168 v.Chr. beslisten in de slag bij Pydna. Tot annexatie van Macedonië gingen de Romeinen niet over. Wel werd Macedonië als politieke eenheid uitgeschakeld; het Macedonische grondgebied werd in vier stukken opgedeeld, elk onder een eigen bestuur en nauwlettend gecontroleerd door de Romeinen.

Ook de Grieken, die aan de zijde van Rome hadden gestaan, werden het slachtoffer van het Romeinse imperialisme. Hun werd verweten dat zij zich in de Macedonische Oorlog te passief hadden opgesteld. Vooral Rhodos moest het ontgelden en raakte zijn bezittingen in Klein-Azië kwijt, die nu gecontroleerd (maar niet geannexeerd) werden door de Romeinen.

De harde opstelling van de Romeinen bracht de hellenistische staten dichter bij elkaar, zonder veel succes overigens. De Romeinen waren op alle fronten superieur. In 148 v.Chr. achtten de Romeinen de tijd rijp voor annexaties. Macedonië werd in dat jaar ingericht als Romeinse provincie. Griekenland was twee jaar later aan de beurt. De stad Corinthe werd met de grond gelijkgemaakt.

Van grote betekenis was de derde oorlog die de Romeinen van 149-146 v.Chr. met de Carthagers uitvochten. De Romeinen waren bevreesd dat de Carthagers zouden proberen hun voormalige imperium te herstellen. De stokoude senator Cato drong er bij ieder senaatsdebat op aan Carthago te vernietigen. Voortdurend werden de Carthagers geprovoceerd. In 150 v.Chr. grepen de Carthagers naar de wapenen om de Numidiërs, die met steun van de Romeinen provoceerden, te bestrijden. De Romeinen zagen hierin een schending van het vredesverdrag van 201 v.Chr., dat Romeinse toestemming om oorlog te voeren vereiste. Drie jaar belegerden de Romeinen de stad. Ten slotte moesten de Carthagers zich overgeven. Van enige consideratie was geen sprake. Carthago werd verwoest, duizenden inwoners werden gedood of als slaaf afgevoerd. Het grondgebied van Carthago werd de nieuwe provincie Africa.

In 133 v.Chr. kwam de provincie Asia tot stand. Wapengeweld was daarvoor niet nodig. De koning van Pergamum liet bij zijn dood een testament na, waarin hij de stad en alle bezittingen in Klein-Azië vermaakte aan de Romeinen. Met de totstandkoming van de provincie Asia werd een fase in de expansie afgesloten. De Romeinen waren de heersers geworden van de landen rond de Middellandse Zee, met uitzondering van het uiterste oosten. Maar ook die gebieden kwamen in Romeinse handen, te beginnen met het Seleucidische rijk, dat door interne conflicten ernstig verzwakte en steeds meer gebied verloor. In 64 v.Chr. was het Pompeius die na successen tegen koning Mithridates van Pontus de resten van dat rijk annexeerde en inrichtte als de provincie Syrië (zie p. 106). In 31 v.Chr. werd ook het Egypte van de Ptolemaeën ingelijfd door Octavianus Augustus (zie p. 111).

De maatschappelijke gevolgen van de veroveringen

De veroveringen van de Romeinen hebben in de mediterrane wereld ingrijpende veranderingen teweeggebracht op velerlei terrein. Het meest opvallend zijn de veranderingen in de Romeinse samenleving geweest, die sterk uiteengroeide. Spanningen tussen de senatorenstand en de andere lagen van de Romeinse bevolking waren er altijd geweest, maar konden telkens worden verminderd. De Romeinse expansie maakte de problemen echter wel gecompliceerder. Het ging nu niet alleen om maatschappelijke tegenstellingen die hun oorsprong vonden in Rome of Italië zelf. Rome was heerser geworden over een enorm grondgebied, met een groot potentieel aan arbeidskrachten. Vele krijgsgevangenen werden naar Italië gedeporteerd om daar als slaaf tewerkgesteld te worden op het grootgrondbezit van de senatoren.

De tegenstellingen in Italië traden al aan het licht kort na de Tweede Punische Oorlog. De als legioensoldaten dienende boeren troffen na deze oorlog hun land in deplorabele toestand aan. De verwoestingen door Hannibals leger hadden het land zo aangetast, dat een herstel van de traditionele graanbouw op korte termijn onmogelijk was. Verkoop van de landerijen aan kapitaalkrachtige senatoren en leden van de Italische elite volgde. Bovendien profiteerden deze beide categorieën van het grote aanbod aan *ager publicus*, land dat was afgenomen van de in de oorlog afgevallen bondgenoten en in bezit van de Romeinse staat was gekomen. Vele boeren trokken naar Rome, waar zij een van de senatoren afhankelijk bestaan gingen leiden.

De veroveringsoorlogen in het oosten vergrootten de kloof in de Romeinse samenleving nog verder. De senatoren legden beslag op de rijkdommen uit de hellenistische wereld. Buitenstaanders konden nauwelijks aanspraak maken op de buit uit het oosten. De leidinggevende personen bepaalden in feite de politiek door hun invloed in de senaat, hun clientelaverhouding met de bevolking van Rome, hun populariteit bij de legioensoldaten en de binding die zij met vele steden in de provincies hadden.

In de tweede eeuw kwam een tweede stand op: de ridderstand (*equites*). Zij konden een loopbaan in het leger volgen en hielden zich bezig met handelsactiviteiten in de ruimste zin van het woord. Een gedeelte van hen behoorde tot de *publicani*. Zij pachtten de belastinginning in de provincies en namen de exploitatie van de mijnen voor hun rekening. Ook de aanleg van openbare gebouwen en straten viel binnen hun werkterrein. Vele equites ontwikkelden zich tot bankiers en handelaren, met vestigingen in vele steden van de Romeinse wereld. Net als de senatoren investeerden zij hun kapitaal vooral in grondbezit.

Tegenover deze economisch en gedeeltelijk politiek bevoorrechten stond de grote massa van mensen die in een sterk afhankelijke positie verkeerden. De Romeinse burgers leefden in omstandigheden die uiteenliepen van redelijk tot slecht. De kleine handelaren en handwerkslieden, vaak voormalige slaven die waren vrijgelaten, stonden er nog het best voor. De meeste burgers in Rome leidden een ellendig bestaan. Zij vormden in Rome op langere termijn een enorm 'lompenproletariaat', met als enige macht in de stad de verkoop van hun stem in de *comitia tributa* (een volksvergadering, ingedeeld naar districten, een voortzetting van het concilium plebis (zie p. 76). In ruil daarvoor werden zij in hun levensonderhoud geholpen door de senatoren op wie zij gestemd hadden en met wie zij daardoor een zekere band hadden, die vastgelegd was in een wederzijdse vertrouwensrelatie. Hun afhankelijkheid nam daardoor sterk toe. De leefomstandigheden van de proletariërs waren erbarmelijk. Zij woonden in slecht gebouwde flatgebouwen (*insulae*), die onderverdeeld waren in eenkamerappartementen waarin een of meerdere families huisden zonder sanitaire voorzieningen.

Grote ontevredenheid heerste er ook onder de Italiërs. Ook zij werden bij thuiskomst geconfronteerd met groeiende problemen, die zij op den duur niet aankonden. Hun emigratie naar Rome leidde tot een nog kommervoller bestaan dan dat van de Romeinse burgers, omdat zij niet konden terugvallen op de clientelaverhouding. Nog slechter was de positie van de provinciebewoners, omdat de stadhouders van de provincies hun ambtsgebied als een wingewest beschouwden en de bewoners uitbuitten. In de regel kreeg een stadhouder, een oud-consul of oud-praetor, gedurende een jaar het bestuur over een provincie. Hij legde de provinciebewoners soms zo hoge belastingen op, dat het woord uitbuiting niet misplaatst is. Protest van de provinciebewoners klonk vaak op, maar veel effect sorteerde dat niet.

Onderaan op de maatschappelijke ladder stonden de slaven, die in de tweede eeuw in groten getale naar Italië werden vervoerd. De grote meerderheid werd tewerkgesteld op de latifundia. Zij waren afkomstig uit de nieuw veroverde gebieden, vooral uit de hellenistische wereld. Het aantal slaven liep zozeer op, dat de Romeinse economie afhankelijk werd van deze onvrije arbeidskrachten.

De culturele gevolgen van de veroveringen

De Romeinse elite bleek ontvankelijk voor de impulsen die van de Grieks-hellenistische beschaving uitgingen. Zij haalde vele Grieken naar Rome om door hen als leermeesters, toneelspelers, beeldhouwers, bouwmeesters, schrijvers of artsen te worden onderricht.

De studie van de Griekse taal, retorica en filosofie ging een belangrijke plaats innemen. Er ontstonden culturele clubs, waarvan vele leidende politici deel uitmaakten. Niet alle Romeinse aristocraten legden een groot enthousiasme aan den dag. Onder leiding van Cato werd verzet aangetekend tegen wat genoemd werd 'nieuwlichterij'. Het was niet een blinde afkeer tegen alles wat Grieks was die Cato en zijn medestanders deed protesteren, maar de vrees dat het Romeinse politieke en maatschappelijke bestel ondermijnd zou kunnen worden door de Griekse intellectuelen, wier ideeën als te 'progressief' werden beschouwd.

Duidelijk merkbaar was de Griekse invloed op de Romeinse literatuur. Werken van Griekse filosofen, tragici en komediedichters vonden hun weg naar Rome en werden nagevolgd. De Griekse geschiedschrijving deed eveneens haar intrede. Tot dan toe hadden de Romeinen trots hun belangrijkste daden en de hoogtepunten per jaar bijgehouden, zonder dat er op de samenhang tussen die gebeurtenissen werd gelet. Vanaf de tweede eeuw voor Christus begonnen Romeinen, geïnspireerd door de Griekse historici Herodotus en Thucydides, de geschiedenis te beschrijven naar Grieks model. In de eerste eeuw voor Christus bereikte de Romeinse geschiedschrijving een voorlopig hoogtepunt. Sallustius imiteerde Thucydides en Livius volgde Herodotus na. Livius schreef een geschiedenis van Rome, vanaf de stichting van de stad tot zijn eigen tijd. Ook de bouwkunst onderging veranderingen. Architecten uit de hellenistische wereld leerden de Romeinen nieuwe bouwstijlen. In de tweede eeuw kreeg Rome veel gebouwen die de stad een hellenistische aanblik gaven. Op het Forum Romanum werden drie basilica's gebouwd, van oorsprong hellenistische gebouwen, die in de Romeinse bouwkunst ingeburgerd zouden raken en later model zouden staan voor de christelijke basilieken. Het circus Flaminius werd in deze tijd gebouwd, bedoeld voor wagenrennen en gladiatorenspelen, schouwspelen die steeds populairder werden. Aquaducten werden aangelegd om de watervoorziening voor de groeiende bevolking te regelen. Overal in de stad verrezen tempels en zuilengalerijen. Alleen de rechtspraak onderging weinig beïnvloeding en bleef Romeins.

De eeuw van revolutie

De Gracchen

In 133 v.Chr. werden de Romeinen geconfronteerd met de gevolgen van een al zes jaar durende opstand van de slaven op het eiland Sicilië. De graanplantages werden verwoest en de korentoevoer naar Rome stagneerde. Het nog steeds toenemende aantal proletariërs in de stad werd een steeds groter probleem, al sloten vele senatoren de ogen voor deze realiteit. Tiberius Sempronius Gracchus deed dat niet en besefte dat er iets moest worden gedaan aan de leegloop van het platteland. Als volkstribuun stelde hij voor om staatsland dat door de Romeinse elite in de loop der tijd in bezit genomen was, in kleine percelen onder de naar Rome gestroomde boeren te verdelen. Hij wist dat zijn wetsvoorstel in de senaat weinig kans van slagen had, omdat de senatoren/landeigenaren geen wet zouden aannemen die hen van een groot gedeelte van hun landerijen zou beroven. Daarom bracht hij zijn voorstel in de comitia tributa met een goede kans op succes. In deze districtenvergadering waren namelijk de gewone Romeinse burgers uit geheel Italië in de meerderheid. Deze handelwijze was niet onwettig, maar wel in strijd met de gewoonte. De senatoren lieten het er niet bij zitten en haalden een van de tribunen over zijn veto over het voorstel uit te spreken. Tiberius liet daarop de tribuun afzetten, die er blijk van had gegeven de belangen van het volk niet te dienen. Tiberius' landwet werd ter stemming gebracht en aanvaard. Er werd een landcommissie ingesteld om de uitvoering ervan ter hand te nemen. Toen Tiberius voorstelde om geld dat juist rond deze tijd door de koning van Pergamum aan Rome was nagelaten voor de landverdeling aan te wenden en hij zich herkiesbaar stelde voor een nieuwe ambtstermijn – beide acties waren tegen de wet –, was voor de meeste senatoren de maat vol. Zowel door de senaat als door Tiberius werden knokploegen op de been gebracht om het hoog opgelopen conflict te beslechten. In deze vijandelijkheden vonden Tiberius en driehonderd van zijn volgelingen de dood.

Het feit dat Tiberius de senaat passeerde en zich rechtstreeks tot de volksvergadering wendde, luidde een nieuwe fase in de politiek in. Het volkstribunaat kreeg een revolutionair karakter. De eenheid onder de senatoren werd wreed verstoord nu het precedent was geschapen dat politici hun voorstellen direct aan de volksvergadering voorlegden. De politici die deze koers insloegen werden *populares* genoemd, hun politieke tegenspelers waren de *optimates*. Zij bleven voorstanders van de traditionele politiek via de senaat.

De eerste die Tiberius' voorbeeld navolgde was zijn broer Gaius Gracchus. In 123 v.Chr. legde hij als volkstribuun de volksvergadering een pakket maatregelen voor dat veel omvangrijker was dan de landwet van zijn broer. Dat landhervormingsvoorstel nam hij in zijn geheel over en hij voegde er de stichting van landbouwkolonies buiten Italië aan toe. Maar hij ging nog veel verder. Het stadsproletariaat probeerde hij aan zijn kant te krijgen met zijn voorstel om degenen die de graanprijzen niet konden betalen van staatswege een subsidie te geven. Deze voorstellen riepen enorme weerstand op bij de senatoren, die hem uiteindelijk uitschakelden. Net als zijn broer vond hij samen met zijn aanhangers een gewelddadige dood.

Misschien wel de belangrijkste consequentie van het optreden van de Gracchen was dat de harmonie tussen volk en senaat van Rome definitief was verstoord. De senaat, gecontroleerd door de optimates, behield de grootste invloed, maar de suprematie van de Romeinse aristocratie stond aan aanvallen bloot, omdat van nu af steeds vaker het gevaar dreigde dat een talentvolle politicus zich tot de volksvergadering wendde om zijn plannen te ontvouwen.

Bijna twintig jaren slaagden de optimates erin politiek te bedrijven op de traditionele manier. Militaire problemen in Noord-Afrika, waar de Numidiërs de Romeinen uitdaagden, leidden in 110 v.Chr. tot de komst van Gaius Marius op het politieke toneel en een hernieuwing van een popularespolitiek. Marius wist de oorlog tot een goed einde te brengen. Zijn ervaringen in Afrika zijn van doorslaggevende betekenis geweest voor de legerhervorming die hij in 107 v.Chr. doorvoerde. Gebleken was dat troepenlichtingen jaarlijks grotere moeilijkheden met zich meebrachten, omdat het aantal boeren dat voor het leger in aanmerking kwam voortdurend terugliep. Kernpunt van Marius' legerhervorming was dat hij opname van de proletariërs in het leger mogelijk maakte op basis van vrijwilligheid. Wel bleef de rekrutering van boeren het fundament van de Romeinse legioenen. Maar de mogelijkheid was geschapen voor proletariërs om in de Romeinse legers een nieuw bestaan op te bouwen. Marius' populariteit bereikte een hoogtepunt, toen zijn op de nieuwe manier gelichte legers in 102 v.Chr. de Kimbren en Teutonen, die uit het noorden naar het tegenwoordige Zuid-Frankrijk waren gekomen, twee vernietigende nederlagen toebrachten.

De soldaten, die niet alleen soldij ontvingen maar ook de belofte kregen dat zij na hun diensttijd (die zeer lang was, vaak meer dan zestien jaar) in het bezit zouden komen van een klein stukje grond, werden een politieke factor van betekenis, omdat ze van hun beschermheer afhankelijk waren en hem een geweldige macht gaven.

In 91 v.Chr. dienden zich op twee fronten nieuwe moeilijkheden aan. In Italië verklaarden de bondgenoten de Romeinen de oorlog, nadat hun roep om het Romeinse burgerrecht was genegeerd. In de provincie Asia had Mithridates, koning van Pontus, succes bij zijn pogingen de Griekse steden tot een afval van Rome te bewegen. Geweld werd daarbij niet gemeden. In de bronnen wordt gesproken over tienduizenden doden. Hij had het tijdstip goed uitgekozen omdat de Romeinen de handen vol hadden aan de Italiërs.

Marius en Sulla

De opstand onder de Italiërs begon in 90 v.Chr. Grote delen van Italië werden in de jaren 90-89 v.Chr. tot krijgstoneel. Uiteindelijk lukte het de Romeinen de opstand neer te slaan. Na lange onderhandelingen kregen alle Italiërs het Romeinse burgerrecht. De oorlog in Asia leidde tot een felle strijd tussen de popularis Marius en de optimaat Sulla. Laatstgenoemde, die in 88 consul was, had van de senaat Asia als provincie toegewezen gekregen, met de speciale taak om Mithridates te bestrijden. Maar een volkstribuun legde de zaak voor aan de volksvergadering, die voor Marius koos. Sulla liet het er niet bij zitten, mobiliseerde zijn troepen, die al voor vertrek naar Asia gereed lagen, en voerde zijn leger in hoog tempo naar Rome. De stad werd ingenomen en de wetgeving ongedaan gemaakt. Vele populares, vooral zij die Marius trouw ter zijde hadden gestaan, werden verbannen. De bestuurlijke taken werden in handen gelegd van de senaat, en de macht van de tribunen werd aan banden gelegd. Het leger werd van nu af een belangrijk pressiemiddel in handen van zijn generaal. Politici die op andere manieren hun doeleinden niet konden bereiken, zetten hun legers in om hun eisen te verwezenlijken.

Veel tijd om in Rome orde op zaken te stellen had Sulla niet. Zijn aanwezigheid in het oosten was dringend vereist. In een rechtstreekse confrontatie met Mithridates was Sulla de overwinnaar. Hij nam de stad Athene in en liet zijn soldaten de vrije hand in hun plunderingen. Mithridates trok zich terug in de richting van Asia, waarheen hij door Sulla na enige aarzeling werd gevolgd. In 84 v.Chr. sloten zij vrede. Mithridates moest zijn veroveringen in Klein-Azië opgeven, maar bleef in het bezit van zijn volledige koninkrijk. Sulla's haast om vrede te sluiten was niet zonder reden. In Rome hadden na zijn vertrek naar het oosten de populares een succesvolle greep naar de macht gedaan. Sulla zelf werd tot vijand van de staat verklaard.

In 83 v.Chr. keerde Sulla uit Asia terug. Hij ontbond zijn troepen niet. Serieuze tegenstand werd Sulla nauwelijks geboden, omdat vele van de door de populares gelichte soldaten bij het zien van het getrainde leger van Sulla naar hem overliepen. Aldus groeiden de vijf legioenen die met Sulla terugkeerden in korte tijd uit tot drieëntwintig legioenen.

Onmiddellijk na terugkeer in Rome, in 82 v.Chr., richtte Sulla een bloedbad aan onder zijn politieke tegenstanders. Vooral zij van wie bekend was dat zij zeer vermogend waren, werden het slachtoffer van zijn strafexpedities. Om te voorkomen dat de staat nog eens in eenzelfde situatie terecht zou komen, liet hij zich benoemen tot dictator met speciale bevoegdheden. In tegenstelling tot de dictators van de vierde en derde eeuw, die een ambtstermijn van zes maanden hadden, was zijn benoeming voor onbepaalde duur. Zijn wetten moesten de senaat behoeden voor een al te eigenzinnig optreden van bepaalde politici, met name van de volkstribunen, die door Sulla als de wortel van alle kwaad werden beschouwd. Het werd de volkstribunen onmogelijk gemaakt om wetten voor te stellen. Hun vetorecht werd beperkt. Op deze wijze werd het volkstribunaat een uitgeholde functie. Consuls en praetoren werd voorgeschreven om hun ambtstermijn in Rome door te brengen en daarna gedurende een jaar, en niet langer, als proconsul hun ambtsgebied te besturen. In 79 v.Chr. trok Sulla zich uit de politiek terug en een jaar later stierf hij als ambteloos burger.

Het einde van de republiek

Sulla's systeem heeft ongeveer tien jaar standgehouden. De grote ontevredenheid onder de bevolking in Italië en de dreiging die uitging van figuren als Mithridates en Sertorius, een aanhanger van Marius, die vanuit Spanje de strijd voortzette, zorgden voor onrust. De schade die de zeerovers uit Cilicië, een onherbergzame landstrook aan de voet van het Taurusgebergte, de Romeinse economie berokkenden door de graanschepen aan te vallen, en de opstandigheid van de slaven in Italië leidden tot een explosieve situatie. Oorlogen waren onvermijdelijk. De Romeinse generaals die belast werden met speciale commando's in het oosten, boekten wel successen, maar tot een beëindiging van de gevechtshandelingen leidden deze niet.

In Italië zelf brak in 74 v.Chr. een slavenopstand uit, die de economie voor enige jaren zou ontwrichten. Vanuit Capua, waar de gladiatoren de Thraciër Spartacus tot hun aanvoerder hadden gekozen, breidde de opstand zich snel uit over geheel Italië. De slaven van de grote landerijen (*latifundia*) sloten zich aan, en in korte tijd beliep het aantal opstandige slaven meer dan 70.000. Plunderend en brandstichtend trokken zij van Apulië in het zuiden tot Gallia Cisalpina in het noorden om via de Alpen uit Italië naar huis terug te keren. In een uiterste poging om de opstand neer te slaan verleende de senaat een speciaal commando aan Crassus, die slechts kort als militair carrière had gemaakt onder Sulla in de Bondgenotenoorlog, maar toch gekozen werd vanwege zijn enorme rijkdom. Hij kreeg het bevel over de reeds gelichte legioenen na de belofte die aan te vullen met troepen uit eigen clientela. Hij achterhaalde de slaven, die probeerden over de Alpen een heenkomen te zoeken naar hun landen van herkomst, en dreef hen terug tot in Zuid-Italië. Daar versloeg hij hen. De meeste slaven kwamen om het leven. Slechts vijfduizend slaagden erin te ontkomen. Zij vluchtten in noordelijke richting, maar werden onderschept door Pompeius, net als Crassus een voormalig aanhanger van Sulla, die in de jaren zeventig snel carrière had gemaakt. Hoewel Pompeius en Crassus geen vrienden waren – zij zouden het ook nooit worden – sloten zij zich, tot ergernis van de senatoren, aaneen en zochten steun bij de populares. Zonder noemenswaardige tegenstand werden beiden tot consul voor het jaar 70 v.Chr. gekozen. Ze herstelden de macht van de volksvergadering en van het volkstribunaat.

De jaren volgend op het consulaat van Crassus en Pompeius werden gekenmerkt door de weer oplevende rivaliteit tussen optimates en populares. De optimates hadden in hun midden geen uitgesproken leidersfiguren en moesten gedogen dat de 'nieuwe man' Cicero zich opwerkte tot hun leider. Hij was een veelzijdig man, want behalve politicus was hij ook een groot filosoof en redenaar. Zijn filosofische werken en talrijke redevoeringen vormen daarvan het bewijs. De leiders van de populares waren Pompeius en Crassus. Caesar, een lid van de gens Iulia, het oudste geslacht in Rome, dat zijn afkomst terugvoerde op Aeneas (zie p. 73), was de derde figuur die op de voorgrond trad.

Het duo Crassus-Caesar leidde in de jaren zestig de populares, hoewel Pompeius feitelijk de machtigste persoon was. Pompeius vertoefde echter lange tijd in het oosten, waar hij een einde maakte aan de aspiraties van zowel de zeerovers als van Mithridates. Pompeius was niet tevreden met de uitschakeling van Mithridates. Hij stelde ook orde op zaken in Syrië, het voormalige Seleucidengebied, waar hij weinig tegenstand ontmoette. In 64 werd Syrië een provincie.

Tijdens Pompeius' afwezigheid was het in Rome niet rustig geweest. De optimates en de populares hadden herhaaldelijk geprobeerd elkaar af te troeven, maar zij waren in 63 v.Chr., toen Cicero consul was, eensgezind geweest in hun optreden tegen Catilina, een senator uit een oud patricisch geslacht. Met een revolutionair programma van schulddelging en herverdeling van land had deze een grote aanhang verworven. Met vereende krachten werd hij uitgeschakeld. In 62 v.Chr. keerde Pompeius terug, een machtig man in het bezit van grote legers. Hij trof in Rome een complexe situatie aan. In eigen gelederen werd hij geconfronteerd met de jaloezie van Crassus, en in het totale politieke krachtenveld van Rome stuitte hij op de tegenstand van de optimates, die bevreesd waren dat

Pompeius zijn leger zou gebruiken om de senaat te dwingen land voor zijn legioensoldaten te reserveren. Pompeius ging echter niet tot geweld over, maar demobiliseerde zijn troepen. Intussen knoopte hij onderhandelingen aan met Crassus en Caesar over de landtoewijzingen aan zijn soldaten in de toekomst. Beiden stonden daar niet onwelgevallig tegenover, al was het alleen maar uit afkeer van de optimates. Het is vooral de verdienste geweest van Caesar dat de leiders van de populares in 60 v.Chr. overeenstemming hebben bereikt over de te volgen strategie. Deze afspraak, algemeen betiteld als het eerste triumviraat (driemanschap), had geen staatsrechtelijke betekenis. Het was een particuliere afspraak om de staat te beheersen. Het failliet van de republiek diende zich aan.

Van meet af aan was het duidelijk dat Crassus de minst invloedrijke figuur was en dat Caesar de politieke toestand het best taxeerde. Caesar werd tot consul voor het jaar 59 v.Chr. gekozen en realiseerde wat hij met Pompeius en Crassus had afgesproken: Pompeius' veteranen kregen in Campanië het land waarop zij vanaf 62 v.Chr. hadden gewacht. Voor zichzelf reserveerde Caesar, ondanks de bezwaren van de senaat, de provincie Gallia Cisalpina. De invallen van Helvetiërs in Gallia en de onrust die daarvan het gevolg kon zijn in Gallia Cisalpina en Gallia Narbonensis, bezorgden hem voor vijf jaren een ambtsgebied dat de lichting van legers, de grootste wens van Caesar, noodzakelijk maakte.

In 58 v.Chr. vertrok Caesar naar Gallia Cisalpina. Pompeius en Crassus bleven in Rome, maar zij hielden de toestand in Rome nauwelijks nog in de hand, als gevolg van het optreden van Clodius, die met paramilitaire benden de straten terroriseerde. Caesar verging het duidelijk beter. Hij stelde zich niet tevreden met het handhaven van rust en orde in Gallia Cisalpina en Gallia Narbonensis, maar trok over de provinciegrenzen naar Gallia Transalpina, het huidige Frankrijk. In 56 v.Chr. kon Caesar melden dat hij het grootste deel van Gallië veroverd had.

Tot verrassing van velen die gedacht hadden dat Caesar nu wel zijn eigen weg zou gaan, kwamen de drie in 56 v.Chr. bijeen in Luca (Etrurië). Daar werd een nieuwe basis gelegd voor toekomstige samenwerking. Caesar zou terugkeren naar Gallië om de definitieve onderwerping van dat gebied te bewerkstelligen. Crassus en Pompeius moesten het consulaat voor het volgend jaar zien te bemachtigen, waarna het in de bedoeling lag dat Crassus als ambtsgebied Syrië zou krijgen en Pompeius Spanje.

Het liep overigens niet zoals de drie politici hadden gedacht. Caesar werkte volgens plan. Een laatste opstand van de Galliërs onder Vercingetorix, de koning van de stam der Arverni, werd in 52 v.Chr. neergeslagen. In 51 v.Chr. werd Gallia als provincie ingericht. Crassus verging het slechter. Na zijn consulaat vertrok hij naar Syrië, maar hij sneuvelde in een oorlog tegen de Parthen. Pompeius bleef in Rome. Hij hoopte dat de senaat hem speciale bevoegdheden zou verlenen om de orde in Rome te herstellen. Dat gebeurde pas in 52 v.Chr., nadat Clodius in straatgevechten was gedood. Pompeius werd 'consul zonder ambtgenoot' en het werd aan hemzelf overgelaten of hij een collega naast zich wilde hebben.

Pompeius' toenadering tot de senaat leidde tot vervreemding van Caesar, die zich opmaakte om naar Rome terug te keren en zich voor een tweede consulaat kandidaat te stellen. De optimates en Pompeius trachtten dit te voorkomen. Daarin slaagden zij ook, maar zij realiseerden zich onvoldoende dat zij een man in de wielen reden die de steun had van een goedgetraind, volkomen van hem afhankelijk leger, en een grote populariteit genoot in de steden van Italië en bij de stadsbevolking van Rome.

Toen Caesar met zijn leger de rivier de Rubico overtrok, de grens van zijn ambtsgebied Gallia Cisalpina, was een nieuwe burgeroorlog een feit. Pompeius en de senaat realiseerden zich dat verzet tegen de goedgetrainde legioenen van Caesar nutteloos was en besloten Italië te verlaten, een leger op de been te brengen en de strijd te organiseren. Pompeius stak over naar de Balkan. Zijn hoop dat Caesar hem daarheen niet zou volgen vanwege de invallende herfst bleek ijdel. Caesar maakte de oversteek toch. Pompeius trok zich terug in de vruchtbare vlakten van Thessalië, waar hij in 48 bij Pharsalus werd verslagen. Hij vluchtte naar Egypte en werd op bevel van de jonge koning Ptolemaeus XIV gedood.

Caesar bezweek weldra voor de charmes en het politieke genie van Ptolemaeus' zuster Cleopatra, die aanspraak op de Egyptische troon maakte. Hij maakte een moeilijke winter door in Alexandrië, waar de bevolking op de hand was van Ptolemaeus. Slechts met de grootste moeite kon hij uit het belegerde koninklijke paleis ontsnappen. Daarna stelde hij snel orde op zaken in Egypte en zette Cleopatra op de troon. Onmiddellijk vertrok hij naar Pontus, waar Mithridates' zoon Pharnaces in de voetsporen van zijn vader was getreden en een opstand tegen de Romeinen had ontketend. In een razendsnelle campagne versloeg hij de troepen van Pharnaces. Zelf zei Caesar later over deze campagne: *veni, vidi, vici* ('ik kwam, zag, overwon'). Voordat hij terugkeerde naar Italië rekende hij eerst af met de laatste haarden van verzet in Noord-Afrika en Spanje. In 45 v.Chr. was hij terug in Rome.

Caesars dictatuur

Caesar had al laten blijken dat hij de alleenheerschappij nastreefde. Zijn macht was gebaseerd op een opeenstapeling van republikeinse functies en bevoegdheden, vastgelegd in een dictatorschap. Caesar verenigde in zijn persoon de bevoegdheden van een volkstribuun, het recht om de senaat bijeen te roepen, de taak om magistraten in de provincies te kiezen en om senatoren te benoemen, de beslissingsbevoegdheid over oorlog en vrede en het gezag over de legers.

Caesars regering tot zijn dood op 15 maart 44 v.Chr. is te kort geweest om de plannen die hij had, volledig ten uitvoer te kunnen brengen. Van radicale veranderingen is geen sprake geweest. Caesar was er allereerst op uit landbouwkolonies te stichten, zowel voor zijn veteranen als voor de vele ontheemde boeren die in Rome een laatste toevlucht hadden gezocht. Het land dat hiervoor was bestemd, behoorde toe aan uitgeschakelde politieke tegenstanders. Bovendien werden de steden Corinthe en Carthago bevolkt met Romeinse proletariërs en werden in Gallië nieuwe steden gesticht om het Romeinse bevolkingsoverschot op te vangen. Arme proletariërs in Rome kregen een maandelijkse portie graan. De senaat, die door Sulla was gebracht van driehonderd op zeshonderd man, kreeg opnieuw uitbreiding. Caesar bepaalde het aantal leden op negenhonderd. Vooral equites en vooraanstaande burgers uit de Italische steden die Caesar in zijn strijd tegen Pompeius hadden gesteund, werden in de senaat opgenomen.

Caesars korte regime maakte één ding duidelijk: een terugkeer naar de republiek was van hem niet te verwachten. Vele voormalige medestanders van Caesar wendden zich van hem af en sloten zich aan bij de oppositie, die door Caesar niet was uitgemoord. Onder aanvoering van Cassius en Brutus (een nazaat van de man onder wiens leiding in 509 v.Chr. de Etruskische koning Tarquinius Superbus uit Rome zou zijn verdreven) ontwikkelde zich verzet dat uitmondde in een samenzwering. Op 15 maart 44 werd Caesar vermoord.

De aanloop naar het principaat

De senatoren die gedacht hadden de oude republikeinse tradities te kunnen herstellen, kwamen bedrogen uit. De veteranen van Caesar, het stadsproletariaat en de bewoners van de Italische steden liepen niet over naar de senatoriale oppositie, maar wachtten op geestverwanten van Caesar die een beroep op hen zouden doen. De eerste gegadigde was de aanhanger van Caesar Antonius, die in 44 v.Chr. het consulaat bekleedde. Hij werd gesteund door Lepidus, die tijdens de dictatuur van Caesar de tweede man was geweest. De senatoriale oppositie tegen Antonius werd geleid door Cicero, die zich gedroeg als in de roemrijke dagen van zijn consulaat in 63 v.Chr.

De door Antonius uitgedachte strategie werd verstoord door de bemoeienissen van Octavianus, die door Caesar bij testament was geadopteerd. Antonius noch de senaat nam de pas achttienjarige Octavianus serieus, maar hij bewees dat er met hem niet te spotten viel. De senaat moest hem allerlei bevoegdheden toestaan, maar toen de senaat aarzelde om hem het consulaat toe te kennen, leidde dat tot een verzoening van Octavianus en Antonius. In 43 v.Chr. kwamen Octavianus, Antonius en Lepidus bijeen en besloten samen te werken. De samenwerking werd bekrachtigd door de volksvergadering. Het tweede driemanschap was een feit. Zij kregen de bevoegdheden van consuls, het recht om edicten uit te vaardigen en om magistraten te benoemen, en de bevoegdheid burgers zonder recht van beroep op de volksvergadering ter dood te brengen. Hierop richtten zij een bloedbad aan onder de senatoren die niet tijdig de vlucht konden nemen. Een van de slachtoffers was Cicero.

Vele senatoren namen de wijk naar de Balkan, waar Brutus en Cassius uit alle delen van het oosten troepen verzamelden. Zij hadden evenwel geen kans tegen de legers van het driemanschap. In 42 v.Chr. werd het republikeinse leger verpletterend verslagen. Terug in Italië verdeelden de 'driemannen' het rijk onder elkaar. Antonius kreeg de oostelijke provincies en Gallia Transalpina, Octavianus de westelijke provincies. Lepidus werd afgescheept met het bestuur over Africa en speelde verder een ondergeschikte rol.

De rivaliteit tussen Antonius en Octavianus nam steeds grotere vormen aan. In 40 v.Chr. konden de problemen slechts met de grootste moeite worden opgelost. Als bewijs van de hernieuwde samenwerking huwde Antonius met Octavianus' zuster Octavia. Maar dat huwelijk kon niet verhinderen dat de concurrenten uit elkaar groeiden. Antonius ging zich steeds meer gedragen als een hellenistisch monarch, daartoe gestimuleerd door Cleopatra, met wie hij in 36 v.Chr. huwde. Antonius stond in deze jaren zo sterk onder de invloed van Cleopatra dat hij haar het bestuur over delen van het Romeinse rijk gaf. Hij vervreemdde sterk van de Romeinse tradities.

In 32 v.Chr. kwam het tot een openlijke breuk. Antonius riep vanuit het oosten op om Octavianus te verdrijven en de republiek te herstellen. Octavianus' propaganda was doeltreffender. Hij riep de bewoners van Rome en Italië op om een strafexpeditie tegen het dreigende gevaar uit het oosten te ondernemen. In 31 v.Chr. viel bij Actium, aan de westkust van Griekenland, de beslissing. Van een echte zeeslag was geen sprake. Nog voordat de schepen op elkaar waren in gevaren, vluchtten Antonius en Cleopatra naar Egypte. Hun scheepsbemanningen vochten nog korte tijd door, maar gaven zich na enkele dagen massaal over aan Octavianus. Antonius' pogingen om Octavianus buiten Egypte te houden leverden niets op. Zijn troepen deserteerden en Antonius sloeg de hand aan zichzelf. Cleopatra volgde hem in de dood, toen Octavianus niet gevoelig bleek voor haar avances. Met Cleopatra stierf de laatste telg uit het geslacht der Ptolemaeën. Egypte verloor zijn zelfstandigheid en werd een deel van het Romeinse rijk. Twee jaar later keerde Octavianus naar Rome terug. De republiek had opgehouden te bestaan.

Het principaat van Augustus

Met Octavianus' overwinning kwam er een einde aan de burgeroorlogen. Een periode van vrede en rust deed haar intrede, omdat de overwinnaar de tegenstellingen binnen de Romeinse maatschappij wist te overbruggen en de voorwaarden schiep voor een klimaat waarin handel en nijverheid een hoge vlucht konden nemen en Rome uitgroeide tot het stralende middelpunt van het Romeinse rijk. Dat is de verdienste van de man die zo lang verwikkeld was geweest in partijtwisten. Van een partijleider werd hij een boven de partijen staande absolute leider.

Politieke en militaire maatregelen

De belangrijkste problematiek waarvoor Octavianus zich zag gesteld, was hoe hij de door hem gewenste monarchie kon inpassen in het republikeinse stelsel van magistraten, senaat en volksvergaderingen. De oplossing die hij koos betitelde hijzelf in zijn autobiografische geschrift *Res Gestae* als 'het herstel van de republiek'. Zijn woorden dat hij de macht over de staat weer in handen van de senaat en het Romeinse volk had gelegd, zijn vaak gewantrouwd. De opeenstapeling van republikeinse functies in zijn handen bezorgde hem een macht die in de republiek ongekend was geweest. De nieuwe structuur vormde volgens hem geen breuk met het verleden, maar juist een voortzetting daarvan, zij het een aangepaste.

In plechtige zittingen van de senaat en de volksvergaderingen werden hem in januari van het jaar 27 v.Chr. diverse bevoegdheden verleend. Daarnaast werden hem ook nog titels toegekend, waaraan hij geen concrete macht kon ontlenen, maar die wel zijn verheven positie illustreerden. De senaat verleende hem de titel *Augustus*, de 'verhevene', de boven de normale mensen staande, een benaming die slechts aan goden voorbehouden was geweest. Octavianus stelde deze titel echter op hoge prijs, omdat deze het begin van een nieuw tijdperk aankondigde. De naam Octavianus was te nauw verbonden met de burgeroorlogen. Evenmin kon hij bevoegdheden ontlenen aan de aanspreektitel *Princeps civitatis*, de eerste van de burgers. De term zou een aanduiding vormen voor de staatsvorm die met Augustus zijn intrede deed: het principaat, de monarchale staatsvorm, waarin de keizer de eerste van de Romeinse burgers was.

De eerste concrete bevoegdheden die hem werden toegekend, waren het bestuur en de administratie in die provincies waar de orde en rust wankel waren: Spanje, Gallië en Syrië. In deze provincies waren de troepen gelegerd waarover Augustus het imperium verkreeg. In tegenstelling tot de andere provincies, die onder supervisie bleven van de senaat, kwamen bovengenoemde provincies rechtstreeks onder de keizer. Omdat Augustus in Rome bleef, werden zij in zijn naam bestuurd door *legati*, senatoriale afgevaardigden van de keizer. Egypte viel buiten deze indeling. Augustus maakte het tot zijn persoonlijk eigendom. Dat betekende dat inkomsten uit Egypte niet terechtkwamen bij de senaat, maar rechtstreeks naar de keizer vloeiden.

In 23 v.Chr. kreeg hij enorme proconsulaire bevoegdheden, die zijn militair gezag over de keizerlijke provincies verre te boven gingen. Hij kreeg nu het imperium over alle provincies, aangeduid met de term *imperium maius*, waardoor hij het commando kreeg over alle legers in het rijk. Hij behield in Rome bepaalde consulaire taken, zoals het bijeenroepen van de senaat. Ook het benoemen van leden van de senaat viel onder zijn competentie. Zijn positie in de stad Rome werd versterkt doordat hem de bevoegdheid van volkstribuun werd toegekend. Toen Lepidus in 12 v.Chr. overleed, werd Augustus ook nog *pontifex maximus*, een functie die hij tot zijn dood behield.

Tijdens zijn regering heeft Augustus veel aandacht besteed aan de veiligheid in het rijk. In de laatste eeuw van de republiek waren de legers samengesteld uit gerekruteerde boeren en uit vrijwilligers. Van een permanent troepenbestand was geen sprake geweest. Slechts in bedreigde provincies waren voortdurend legioenen aanwezig. Augustus veranderde dit systeem. Hij zag af van het oproepen van soldaten in noodsituaties en ging over tot het inrichten van permanente (staande) legers.

De kern van zijn nieuwe troepenmacht werd gevormd door de ongeveer 270.000 soldaten, die niet uit actieve dienst werden ontslagen. Vanaf 15 v.Chr. waren er 28 legioenen van 6000 man permanent onder de wapenen. Lichtingen voor deze legioenen waren nauwelijks nodig, omdat velen, vooral provincialen die het Romeins burgerrecht hadden gekregen, zich vrijwillig voor de krijgsdienst meldden. De voornaamste taak van de legioenen was het bewaken van de rijksgrenzen, die werden versterkt en een aaneengesloten verdedigingslinie vormden, de *limes*. De vloot had slechts een ondersteunende taak. Gestationeerd in de havens Misenum (vlak bij Napels) en Ravenna aan de Adriatische Zee verzorgden de twee vloten troepentransporten en patrouilletochten tegen mogelijke zeerovers. Een echt militaire betekenis had de vloot niet, omdat de Middellandse Zee een Romeinse binnenzee was geworden.

Tijdens zijn principaat heeft Augustus enorme gebieden bij het Romeinse rijk gevoegd. Hierbij stonden hem natuurlijke grenzen voor ogen. In het westen en zuiden behoefde hij daarvoor weinig te doen: de Atlantische Oceaan en de Sahara vormden uitstekende, door de natuur gevormde grenzen. Slechts kleine gebiedsuitbreidingen waren nodig: in Spanje Lusitanië en in Noord-Afrika Numidië. In het oosten ging Augustus niet tot verdere annexatie over.

Het zwaartepunt van Augustus' expansiepolitiek lag in het noorden, waar de Rijn en de Donau de grenzen werden met de vijandige buitenwereld. In lange, moeilijke campagnes veroverden de legioenen van Augustus grote delen van centraal Europa, die als nieuwe provincies werden ingericht.

Augustus stelde zich niet tevreden met deze gebiedsuitbreiding. Zijn pogingen om de Rijngrens in noordoostelijke richting te verleggen naar de Elbe leden echter schipbreuk. In 9 n.Chr. waagden drie legioenen onder leiding van Varus zich over de Rijngrens in het Teutoburgerwoud. Zij werden verpletterend verslagen door de Germanen onder aanvoering van Arminius. Deze nederlaag betekende het einde van de Romeinse expansie in het noorden. Vanaf dit moment streefde Augustus een politiek van consolidatie na.

Volk en keizer

Augustus heeft er in zijn regeringsperiode alles aan gedaan om van Rome een stad te maken die kon wedijveren met de fraaie Grieks-hellenistische steden in het oosten. Beroemd is zijn uitspraak: 'Ik trof een stad van baksteen aan en liet een stad van marmer achter.' Architecten en beeldhouwers werden door Augustus gestimuleerd tot grensverleggende activiteiten. De tempel van Apollo op de Palatijn met de bijbehorende bibliotheek, de Porticus Octaviae op het Marsveld, de Curia Julia en de Basilica Julia, het Mausoleum van Augustus, het Marcellus theater en, bovenal, het Forum van Augustus met de tempel van Mars Ultor zijn de zichtbare bewijzen van Augustus' streven om van Rome de mooiste stad van het rijk te maken.

Hij stimuleerde de literatuur. De dichtkunst vond vele beoefenaars, van wie Vergilius, Horatius en Ovidius de bekendste zijn. Vergilius' meesterwerk was de *Aeneis*, het epos van de zwerftochten van Aeneas van Troje naar Italië (zie p. 73). Hij beoogde een nationaal gedicht te schrijven over de oorsprong en de prestaties van het Romeinse volk. Horatius schreef een zeer gevarieerd werk, bestaande uit satiren en oden, waarin onder anderen Augustus werd geprezen. Ovidius was geen vriend van Augustus. Zijn gedichten werden door de keizer zelfs als immoreel beschouwd. Zijn meest gelezen werken zijn de *Ars Amatoria*, een lied over het liefdesspel tussen man en vrouw, en de *Metamorphoses*, gedichten over magische veranderingen van mythologische figuren.

Ook de gewone man werd door Augustus niet vergeten. Hij deed er alles aan om de stadsbevolking het idee te geven dat hij zich hun problemen aantrok. Hun ellendige woonsituatie rechtstreeks aanpakken deed hij niet – daarvoor was deze problematiek veel te complex –, maar door een professionele brandweer in te stellen die tegelijk dienstdeed als bewakingsdienst, gaf hij de bevolking in ieder geval een gevoel van grotere veiligheid. Ook legde hij een grote aandacht aan den dag voor de voedselvoorziening. Hij stelde een dienst (*annona*) in die zorg droeg voor de aanvoer van graan uit Egypte, Sicilië en vooral Noord-Afrika. De kosten die voor deze politiek nodig waren, kwamen voor een deel uit de staatskas, maar Augustus sprak ook zijn privé-vermogen aan, dat gigantisch moet zijn geweest. Caesars vermogen, de confiscaties van senatoriale goede-

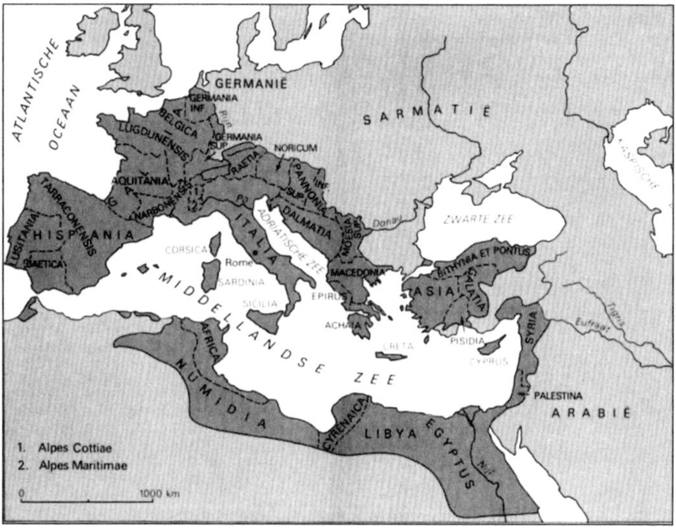

Het Romeinse rijk onder Augustus

ren en opbrengsten van de keizerlijke domeinen stonden garant voor enorme inkomsten. Zonder twijfel was Augustus de rijkste man van zijn tijd. Een belangrijk deel van zijn vermogen besteedde hij aan subsidies voor het lagere volk. De uitdelingen van graan aan circa 150.000 tot 200.000 ontvangers en de schenkingen van geld aan nog veel meer mensen moeten een behoorlijke aanslag zijn geweest op de financiële positie van Augustus. Maar hij kreeg daar veel voor terug. Door schenkingen gaf hij er blijk van dat het volk hem ter harte ging.

Augustus' regering bracht geen grote veranderingen in de sociale geledingen van de Romeinse maatschappij. De scheidslijnen tussen de bestaande groeperingen werden evenwel duidelijker getrokken. De afstand tussen de bovenlaag van de maatschappij en de numeriek veel grotere onderlaag nam toe. Bepalend voor de positie die men innam, was nog steeds afkomst. Mensen van lage afkomst maar in het bezit van veel geld hadden niet dezelfde kansen als de kinderen van senatoren, ook al waren die minder daadkrachtig.

De grote verandering in de maatschappelijke ordening was de verheffing van de persoon van de keizer boven de toplaag van senatoren. De cumulatie van de belangrijkste functies gaf hem een onaantastbaar prestige. Deze afgetekende positie kwam tot uitdrukking in zijn kleding, in de *insignia* en in de wijze waarop zijn persoon in de omgang werd benaderd. De keizer werd een religieus charisma toegedacht. Hij kreeg een cultische verering. In de oostprovincies werd hij in de geest van de hellenistische monarchen als een god vereerd.

De senatorenstand (*ordo senatorius*) ontwikkelde zich tot een nog hechter bolwerk dan hij in de republiek al was geweest. Het aantal senatoren werd door Augustus gereduceerd tot zeshonderd en opname in de rijen der senatoren werd bemoeilijkt. Was het aan het einde van de republiek zo dat zonen van senatoren de status van ridder (*eques*) hadden en pas na het bekleden van een lagere magistraatsfunctie tot de senatorenstand gingen behoren, in de keizertijd wijzigde dit patroon zich. Augustus maakte de senatorenstand tot een exclusieve groepering waartoe een eques moeilijk toegang had. Zonen van senatoren behoorden nu direct tot de senatorenstand. Naast geboorte bepaalde bezit of iemand tot de senatorenstand hoorde. Opname van ridders in de senatorenstand kon slechts geschieden door een persoonlijke beslissing van de keizer.

Direct onder de senatorenstand vormde de ridderstand (*ordo equester*) eveneens een gesloten groep. Ook hier vroeg opname van buitenaf om een persoonlijke beslissing van de keizer. Het aantal equites ten tijde van Augustus wordt geschat op ongeveer 20.000. De hoogst bereikbare functie voor ridders waren prefect van de voedselvoorziening, prefect van Egypte en prefect van de keizerlijke garde.

De *publicani*, in de republiek verantwoordelijk voor de belastinginning, spelen in de keizertijd geen belangrijke rol meer. De belastinginning in de provincies werd overgelaten aan de lokale bestuurders (*decuriones* of *curiales*). De belastinginning leverde de gemeenteraadsleden niet zelden aanzienlijke sommen gelds op, maar anderzijds waren zij veelvuldig bereid om uit eigen vermogen giften te doen aan hun stad ter vergroting van hun prestige.

Een opvallende positie was weggelegd voor vrijgelatenen die werkzaam waren in de handel, het bankwezen en de nijverheid. Zij belegden hun geld in grond en evenaarden de bovenlaag in rijkdom. Sommigen slaagden erin toegang te krijgen tot de ridderstand.

De onderlaag bestond uit stadsbewoners en plattelandsbewoners. Beide categorieën waren zeer heterogeen van samenstelling. Hoewel de scheidslijnen niet altijd duidelijk te trekken zijn, kan in beide groeperingen een onderscheid gemaakt worden tussen vrijgeborenen (*ingenui*) en vrijgelaten slaven (*liberti*). De positie van de stadsbewoners was over het algemeen slecht. Welke beroepen ook gekozen werden, verbetering van positie was slechts aan een enkeling gegeven, meestal een vrijgelatene die een beroep had geleerd. De medische, pedagogische en juridische beroepen werden bijna uitsluitend door vrijgelatenen uitgeoefend. Ook in de nijverheid vonden zij als handwerksman of middenstander een bestaan. De vrijgeboren Romeinse burgers waren voor hun levensonderhoud grotendeels afhankelijk van tijdelijk werk, subsidies van de staat of van enkele rijke politici die naar hun stemmen dongen. De levensomstandigheden van het stadsproletariaat gingen er in deze tijd niet op vooruit. De spaarzame maatregelen die Augustus trof om de noden van het stadsproletariaat te verlichten, boden weinig soelaas.

De positie van de boeren was eveneens slecht. Veel land, met name in Italië, was in het bezit van enkele landheren. De vrije boerenstand was in omvang afgenomen. De landheren in Italië ontkwamen echter evenmin aan moeilijkheden. De aanvoer van slaven uit de overwonnen gebieden, eerst rechtstreeks en later via piraten, was opgehouden en een tekort aan goedkope werkkrachten liet zich voelen. Op de grote landerijen nam het colonaat hand over hand toe. Dit systeem was gebaseerd op *coloni*, pachters die een klein gedeelte van een groot gebied pachtten, dit met hun gezin bebouwden en de eigenaar pacht betaalden in de vorm van een deel van de opbrengst van het land. Ten tijde van Augustus bood het colonaat de boeren uitkomst en gaf hun betere kansen dan het wisselende bestaan van seizoenarbeider.

Het principaat in de eerste twee eeuwen

Augustus' regering duurde in totaal 41 jaar (27 v.Chr.-14 n.Chr.), een tijdvak dat lang genoeg was om de bevolking van het rijk ervan te overtuigen dat het principaat een veilig alternatief was voor de senaatsheerschappij van de late republiek. Om in zijn opvolging te voorzien heeft hij tijdens zijn leven diverse personen naar voren geschoven. Nadat eerdere kandidaten door een voortijdige dood waren afgevallen, viel de keuze op Tiberius. Toen hij Augustus opvolgde, was hij al 55 jaar oud. Het zou gebruik worden dat de princeps uit zijn naaste omgeving een geschikte kandidaat uitzocht, hoewel deze regeling nooit is geformaliseerd.

De opvolgers van Augustus gingen uit van dezelfde gedachte als de grondlegger van het principaat, namelijk dat voortzetting van de militaire autocratie de enige mogelijkheid was om een hervatting van de partijstrijd uit de late republiek te voorkomen. In vergelijking met de positie van Augustus stonden zij echter duidelijk zwakker. Augustus had beschikt over een 'natuurlijk' overwicht, waarop zij zich niet konden beroemen. Met name vanuit de senaat klonken herhaaldelijk protesten tegen de alleenheerschappij van de keizers. En voor een goed beleid was samenwerking met de senaat absoluut noodzakelijk.

Over de keizers uit de eerste eeuw zijn we beter geïnformeerd dan over de keizers uit de tweede eeuw. Dat hebben we te danken aan twee schrijvers, tijdgenoten, maar wel vertegenwoordigers van verschillende literaire genres. Tacitus was een geschiedschrijver, die twee grote werken schreef: de *Annales* en de *Historiae*. In de *Annales* ('Jaarboeken') behandelt hij de regeringsjaren van Tiberius tot Nero. Hoewel hij in het voorwoord schrijft dat hij zich niet wil laten leiden door verbittering en vooringenomenheid, is zijn werk een aanklacht tegen het principaat. In de *Historiae* trekt hij de lijn door tot keizer Domitianus (81-96), maar het grootste deel hiervan is verloren gegaan. De andere grote schrijver is Suetonius, een biograaf. Hij schreef keizerbiografieën, beginnend bij Caesar en eindigend bij Domitianus. In tegenstelling tot Tacitus, die vooral oog heeft voor de politieke context, geeft Suetonius ook pikante details uit de levens van de keizers.

De Julisch-Claudische keizers

Tiberius (14-37) had het vanaf het begin niet gemakkelijk. Hij was zich er goed van bewust dat zijn populariteit, zowel bij het volk als bij de senaat, niet groot was. Toch was hij de senaat niet onwelgevallig. Hij hevelde de bevoegdheid om de magistraten te kiezen over van de volksvergaderingen naar de senaat. Maar in zijn achterdocht deed hij vele senatoren een proces aan wegens majesteitsschennis. Deze processen werden voor de keizer een probaat middel om lastige of weerbarstige senatoren te veroordelen tot de doodstraf. Sommige senatoren voorkwamen een veroordeling door de hand aan zichzelf te slaan. Als bestuurder van het rijk functioneerde Tiberius goed. Hij volgde het door Augustus uitgezette patroon en oefende een strenge controle uit op de gouverneurs van de senaatsprovincies.

In 26 verliet Tiberius de stad Rome en trok zich terug op het eiland Capri. Een vertrouweling van hem, Sejanus, nam de honneurs in Rome waar, maar zijn eigenzinnige optreden kostte hem de kop. Tiberius' laatste levensjaren waren vol bitterheid. Ziekten en angst voor verraad maakten hem nog achterdochtiger dan hij al was. Door de talrijke processen wegens majesteitsschennis vervreemdde hij de senaat volledig van zich. Zijn dood, in 37, werd dan ook door de senatoren met gepaste vreugde begroet. Twee jaar voor zijn dood had Tiberius zijn opvolging geregeld. Hij had zijn achterneef Gaius geadopteerd en als toekomstig keizer voorbestemd.

Gaius (37-41), ook wel Caligula ('soldatenlaars') genoemd omdat hij als klein jongetje in de legerschoenen van zijn vader placht rond te stappen, verwierf aanvankelijk een grote populariteit. De gedachte dat met hem betere tijden zouden aanbreken, verdween echter zeer snel. Weldra openbaarden zich de eerste symptomen van een ongeneeslijke ziekte, die zijn verstandelijke vermogens aantastte en hem vervormde tot een monster. Bovendien vatte hij zijn keizerschap op in de traditie van de hellenistische monarchen en was hij de eerste keizer die zich tijdens zijn leven als god liet vereren. Hij viel slechts op door zijn vreemde handelingen. Vier jaar nadat hij aan het bewind was gekomen, werd hij samen met zijn vrouw en dochter vermoord.

Zijn opvolger was Claudius (41-54), een jongere broer van Gaius' vader Germanicus. Ervaring als bestuurder had hij nauwelijks, maar dat gemis hinderde hem niet om uit te groeien tot de beste keizer na Augustus. Claudius begreep dat een goede verstandhouding met de senaat noodzakelijk was en behandelde dit college met respect. Toch waren er vele senatoren (en equites) die tegen Claudius samenzweerden. Velen van hen werden gedood. Andere senatoren die Claudius volstrekt niet kwaad gezind waren, vielen als slachtoffer onder de beschuldigingen van Claudius' derde en vierde vrouw, Messalina en Agrippina. Ook werden er senatoren valselijk beschuldigd door vrijgelatenen die sterk in de gunst stonden van de keizer. Vrijgelatenen werden zelfs benoemd op zeer hoge posten. Claudius vond de senaat openlijk tegenover zich toen hij in 47 in zijn hoedanigheid van censor voorstelde om aanzienlijke Galliërs in de senaat op te nemen. Hij zette zijn plannen evenwel door. Claudius' politiek werd in zijn geheel gekenmerkt door een sterke romaniseringsgedachte; op uitgebreide schaal verleende hij het burgerrecht aan provincialen en stichtte hij kolonies in de provincies. Het volk van Rome verplichtte hij aan zich door de korenuitdelingen onder zijn persoonlijke toezicht te plaatsen. Om de korenaanvoer te verzekeren liet hij de haven van Ostia aanleggen. Voortaan konden de grote korenschepen uit Alexandrië hier terecht.

Als militair heeft Claudius ondanks het gemis aan ervaring geen slecht figuur geslagen. Zijn voornaamste wapenfeit was de annexatie van Zuidoost-Engeland. Ongelukkig was Claudius in zijn particuliere leven. Hij stond sterk onder de invloed van zijn onmiddellijke omgeving, vooral van zijn vierde vrouw, Agrippina. Deze vergiftigde hem kort nadat hij haar zoon Nero (uit een eerder huwelijk) als zijn troonopvolger had geadopteerd.

De reputatie van Nero (54-68) is ronduit slecht. In de eerste jaren viel het nog wel mee, omdat hij toen nog onder de invloed stond van de filosoof Seneca, die echter uit de gratie viel en gedwongen was zelfmoord te plegen. Nero gaf zich volledig over aan zijn artistieke neigingen. In zijn bewondering voor alles wat Grieks was, liet hij zich zelfs als deelnemer inschrijven voor de Olympische Spelen. Dat hij hierdoor de algehele afkeer van de senatoren opriep, deerde hem niet. Samenzweringen vanuit de senaat werden hardvochtig onderdrukt. Nieuwe coups tegen het bewind van Nero volgden elkaar in snel tempo op. In 68 werd hij gedwongen zelfmoord te plegen.

Een opvallende gebeurtenis tijdens Nero's regering was de grote brand in Rome in 64. Delen van de stad gingen in de vlammen verloren. Er werd gefluisterd dat de keizer zelf verantwoordelijk was voor de vuurzee om de stad fraaier te kunnen herbouwen. Nero op zijn beurt schoof de schuld op de christenen. Het is de eerste keer dat er in Rome melding werd gemaakt van christenen. Het is ook de eerste keer dat christenen op lokaal niveau door de Romeinse overheid massaal vervolgd werden.

De Flavische keizers

Van een troonopvolger was in 68 geen sprake. De senaat, de keizerlijke garde en de legers aan de Rijngrens schoven elk hun eigen kandidaat naar voren. Galba, Otho en Vitellius zijn samen nog geen jaar aan het bewind geweest. De strijd werd beslecht in het voordeel van Vespasianus, die de onvoorwaardelijke steun kreeg van de legioenen in Egypte, Syrië en Judea en de Donaulanden. Met Vespasianus (69-79) kwam een man op de troon die een volstrekt andere achtergrond had dan de leden van het Julisch-Claudische huis. Voor zijn benoeming tot princeps had Vespasianus een succesvolle carrière als militair achter de rug. Tijdens zijn regeringsperiode werd Vespasianus geconfronteerd met twee opstanden: de opstand van de Bataven onder leiding van Julius Civilis en de opstand van de joden. Beide opstanden werden neergeslagen.

Het meest nijpende probleem voor Vespasianus vormden de financiën. Door zijn buitensporige uitgaven had Nero de schatkist uitgeput. Om de financiële situatie van het rijk gezond te maken verhoogde Vespasianus de belastingen, ook in steden die zich erop beriepen in het verleden daarvan te zijn vrijgesteld. Er vloeide zo veel geld in de schatkist, dat extra uitgaven gedaan konden worden om Rome te verfraaien. Onder Vespasianus' regering werd het Colosseum gebouwd, bedoeld om er gladiatorenspelen in te houden. De discipline in de legers, onder Nero ernstig verzwakt, werd hersteld en de grenzen van het imperium werden versterkt. Vooral het moeilijk verdedigbare gebied tussen Rijn en Donau kreeg Vespasianus' aandacht, evenals Brittannië, waar gebiedsuitbreiding plaatsvond. Zijn verhouding tot de senaat was goed. In de senaat kwamen steeds meer provincialen, die de vrijgekomen plaatsen van overleden of uit de senaat gezette senatoren opvulden.

Vespasianus werd opgevolgd door zijn zoon Titus (79-81). Hij trachtte de politiek van zijn vader te continueren, maar slaagde daarin niet geheel, omdat zijn grote vrijgevigheid tot financiële tekorten leidde. Tijdens zijn korte regeringsperiode vonden twee grote rampen plaats. In 79 legde de uitbarsting van de vulkaan Vesuvius de steden Pompeji en Herculaneum in de as, en een jaar later beleefde Rome een brand die niet veel verschilde van die in 64.

Titus stierf in 81 tot verdriet van allen, behalve van zijn broer Domitianus, die vond dat hij al te lang had moeten wachten op het keizerschap. Hoewel Domitianus (81-96) als bestuurder tot de goede keizers gerekend kan worden, is het beeld dat van hem uit de bronnen naar voren komt over het geheel genomen niet positief. Dat vindt zijn oorzaak in het absolutistische en autocratische karakter van zijn regering. Domitianus wenste aangesproken te worden als *dominus et deus* (heer en god). Vooral in de senaat riep deze houding weerstanden op. Samenzweringen bleven niet uit, maar effect sorteerden zij aanvankelijk niet, daar de meerderheid van de legers de keizer trouw bleef. In 96 viel hij toch ten slachtoffer aan een samenzwering.

De adoptiekeizers

De senaat koos Nerva tot nieuwe princeps. Hij was toen al 70 jaar oud. Kort na zijn troonsbestijging adopteerde hij Trajanus, een kundig generaal, als zijn opvolger, waarmee hij een mogelijke opstand van de legers voorkwam. Het door Nerva gehanteerde adoptiesysteem werd door de drie na hem komende keizers, die evenals Nerva geen zonen hadden, overgenomen. Het leverde vier goede keizers op: Trajanus, Hadrianus, Antoninus Pius en Marcus Aurelius.

Trajanus (98-117) was de eerste keizer die niet in Italië was geboren. Zijn rijkspolitiek was evenwel sterk op Italië gericht, wat blijkt uit enkele van zijn maatregelen: graanuitdelingen, leningen om boerderijen te kopen en financiële steun aan steden. Van verwaarlozing van de provincies was echter geen sprake. Veel geld werd besteed aan de verbetering en verfraaiing van de wegen, kanalen, havens en steden ter bevordering van de handel en nijverheid. Deze politiek kostte natuurlijk veel geld, een kleinigheid echter vergeleken bij de militaire uitgaven. Trajanus brak met de politiek van zijn voorgangers, die gericht was op de verdediging van de bestaande grenzen, en voerde expansieoorlogen: aan de Donau tegen de Daciërs en in Armenië en Mesopotamië tegen de Parthen. Successen boekte Trajanus in de Donauoorlogen. Hij versloeg de Daciërs en richtte hun gebied ten noorden van de Donau (Oost-Hongarije en Roemenië) als nieuwe provincie in. Meer moeilijkheden ondervond hij in het oosten, waar de Parthen in 116 slechts met grote moeite van een invasie van Armenië konden worden afgehouden. Van een hernieuwde oorlog tegen de Parthen werd Trajanus afgehouden door een opstand van de joden en door een ziekte, die hem dwong naar Rome terug te keren. Kort voor zijn dood adopteerde hij Hadrianus en benoemde hem tot zijn opvolger.

Hadrianus (117-138) brak met de expansiepolitiek van zijn voorganger. Hij stelde zich ten doel de grenzen van het rijk te consolideren en het bestuur te centraliseren. Zijn grenspolitiek was defensief, hij streefde naar een goed verdedigbaar rijk. Daartoe versterkte hij de limes, de rijksgrens, met forten en garnizoenen. Zijn bekendste militaire versterking is de 120 kilometer lange 'Muur van Hadrianus' in Noord-Engeland. De enige grote opstand die een hard optreden vereiste was in Judea. In een drie jaar durende oorlog werd de opstand neergeslagen. Jeruzalem werd een Romeinse stad waarin godsdienstige samenkomsten van joden werden verboden.

De rijksprovincies mochten zich verheugen in de persoonlijke aandacht van de keizer. Bijna alle provincies werden met een bezoek vereerd. Speciaal Griekenland en Asia werden door Hadrianus ook financieel bedacht. Vele steden leggen heden ten dage nog getuigenis af van een door Hadrianus gefinancierde bouwactiviteit.

Minder tevreden over Hadrianus' beleid waren de senatoren. Hun relatie met de keizer bekoelde sterk, niet in het minst door zijn langdurige afwezigheid – hij maakte van 121 tot 125 en van 128 tot 133 inspectiereizen door het rijk in Rome. Toen Hadrianus in 138 stierf, had zijn opvolger Antoninus de grootste moeite om de senaat ertoe te bewegen de traditionele deïficatie (vergoddelijking) van de overleden keizer goed te keuren.

Antoninus (138-161), die de bijnaam 'pius' (plichtsgetrouwe) kreeg, was door Hadrianus geadopteerd. Hem werd te verstaan gegeven onmiddellijk in zijn eigen opvolging te voorzien door Lucius Verus en Marcus Aurelius als zoons aan te nemen. Ruim 23 jaar bekleedde hij het keizerschap en in die jaren beleefde het Romeinse rijk een periode van vrede en welvaart.

Van de beide troonpretendenten, die in 161 gezamenlijk Antoninus Pius opvolgden, had Marcus Aurelius (161-180) de feitelijke macht, ook al duldde hij Lucius Verus tot diens dood in 169 als medekeizer naast zich. Ongetwijfeld heeft deze keizer het moeilijker gehad dan zijn voorgangers. De zo lang gekoesterde vrede maakte plaats voor langdurige oorlogen aan de grenzen, die het Romeinse leger en de schatkist uitputten. Militaire successen boekten de Romeinen in het oosten (161-165), waar aanvallen van de Parthen op Armenië konden worden afgeslagen. De grootste problemen hadden de Romeinen aan de Donau, waar Germanen, profiterend van het vertrek van vele legioensoldaten naar het oosten, de limes doorbraken. Tot ontzetting van de Romeinen drongen zij door tot de Povlakte, en ze konden slechts met de grootste inspanning in 169 worden teruggedreven. Enkele jaren later keerden ze terug, en uiteindelijk kregen ze toestemming om zich in de grensprovincies te vestigen. Als tegenprestatie moesten ze dienst nemen in de Romeinse hulptroepen of kregen een contract als huurling.

De persoon van Marcus Aurelius heeft meer bekendheid gekregen dan succesrijker keizers als Trajanus, Hadrianus of Antoninus Pius. Dat komt omdat hij een dagboek heeft nagelaten, de *meditationes*, zelfoverpeinzingen van een eenzaam man op een moeilijke post.

Een beslissing van Marcus Aurelius die unaniem in het Romeinse rijk werd betreurd, was de keuze van zijn zoon Commodus als opvolger. Ruim twaalf jaar hield Commodus (180-192) zich staande tegen vele samenzweringen, vooral vanuit de senaat. Hij had het er wel naar gemaakt; hij bekommerde zich nauwelijks om de buitenlandse politiek – met de

Germanen aan de Donau sloot hij een oneervolle vrede – en deed aan grenzeloze zelfverheerlijking. Het bestuur liet hij over aan vertrouwelingen. Zelf vertoonde hij zich in de arena om zijn krachten te meten. Toen hij zich ten slotte ging gedragen als de mensgeworden halfgod Hercules, werd hij vermoord. Met zijn dood kwam er een einde aan een periode van bijna twee eeuwen van vrede en welvaart.

Italië en de provincies

Toen Octavianus Augustus in 27 v.Chr. aan de regering kwam, telde Rome dertien provincies. Ruim een eeuw later waren het er 45, die beter als rijksdelen betiteld kunnen worden. Zij waren niet meer onderworpen aan uitbuitende belastingmaatregelen en in toenemende mate geromaniseerd. De trek van Romeinse burgers naar de provincies, al begonnen in de tweede eeuw voor Christus, zette in de keizertijd door. Van deze 'immigranten' ging een sterk romaniserende invloed uit. Zij vestigden zich in bestaande steden of stichtten zelf nieuwe steden, die alle een bijna identiek stadsplan hadden. Er ontstonden in de provincies banden tussen de sociale bovenlaag in de steden en de Romeinse kolonisten. De lokale elite bleek ontvankelijk voor de Romeinse ideeën, en op hun beurt beloonden de Romeinen deze openheid met het Romeinse burgerrecht. Vooral in de westelijke provincies van het rijk deed de romanisering haar intrede. In het oosten, waar de Grieks-hellenistische beschaving diep geworteld was, kwamen de Romeinen zelf onder de indruk van het bestaande cultuurpatroon en pasten ze zich op hun beurt aan. De banden met Rome werden in de grensprovincies versterkt door de legioensoldaten. In de keizertijd werden de lichtingen uitgebreid tot de provinciebewoners. Uit de sociaal lagere groepen namen velen dienst. Het was een probaat middel om hogerop te komen.

Het door Augustus geïntroduceerde bestuurssysteem werd door zijn opvolgers overgenomen en, waar mogelijk en noodzakelijk, aangepast en geperfectioneerd. Voor de volksvergaderingen waren in het principaat geen bevoegdheden meer weggelegd. Reeds Tiberius hevelde de magistraatsverkiezingen van de volksvergadering over naar de senaat en ook de wetgevende taken werden aan het volk ontnomen. Deze taken kwamen nu aan de senaat, die, zo lijkt het op het eerste gezicht, een belangrijk aandeel in de regering behield, maar in feite steeds meer aan macht inboette ten gunste van de keizer en zijn privé-adviseurs.

Het aanzien van de senaat bleef echter hoog en 'goede' keizers deden het voorkomen alsof zij in volkomen eenstemmigheid met de senaat regeerden. Minder tactische of 'slechte' keizers, zoals Caligula, Nero of vanwege zijn absolutistische opvattingen Domitianus, probeerden uit vrees voor een opleving van de republikeinse macht van de senaat voortdurend senatoren in diskrediet te brengen. Dat hierdoor reeds bestaande verschillen in inzicht werden verscherpt, spreekt voor zich.

De samenstelling van de senaat onderging in het principaat veranderingen. Hoewel Italië de meeste senatoren bleef leveren, kwamen er steeds meer senatoren uit de provincies, vooral uit het westelijke gedeelte van het rijk. De magistraatsfuncties werden sterk uitgehold en verloren veel van hun politieke betekenis.

Van Augustus' opvolgers was het vooral Claudius die het bestuur van het rijk een stevige basis gaf en een goed lopend ambtenarenapparaat opzette. Hij richtte speciale departementen in, aan het hoofd waarvan hij kundige vrijgelatenen (ex-slaven of zonen van ex-slaven) plaatste. Deze 'ministers' kwamen in een informeel beleidscollege dat de keizer van advies diende. In de tweede eeuw nam dit college steeds meer taken van de senaat over, ook op het gebied van de rechtspraak.

In het Romeinse rijk zette de economische schaalvergroting, die in de hellenistische tijd al begonnen was, verder door. De verstedelijking van het rijk droeg daar nadrukkelijk aan bij. Maar de economie bleef onderontwikkeld, omdat de overheid niet investeerde in projecten die de economie hadden kunnen stimuleren en de productie nog steeds in kleine ambachtelijke bedrijfjes plaatsvond. De staat bekommerde zich er vooral om dat de financiën toereikend waren om de kosten van levensonderhoud van het Romeinse stadsvolk en de legers te kunnen betalen. De provincies moesten daar hun bijdrage aan leveren door belasting te betalen, in geld of in natura. Graan uit Noord-Afrika en Egypte, wijn, olijfolie en *garum* (vissaus) uit Spanje en luxegoederen uit het hele rijk werden in grote hoeveelheden aangevoerd in de haven van Ostia. Rome was een echte consumptiestad. Er werden geen goederen geproduceerd voor de export en alles wat in het rijk werd geproduceerd, vond op een of andere manier zijn weg naar Rome, waar de keizer en de leden van de elite gretige afnemers waren. De gewone bevolking had maar een gering aandeel in al het aangebodene. De overgrote meerderheid bleef arm en was afhankelijk van tijdelijk werk of van de gunsten die senatoren of de keizer aan hen wilden verlenen in ruil voor hun onvoorwaardelijke steun. Op het platteland traden weinig veranderingen op. De meeste mensen leidden als boer of boerenknecht een marginaal bestaan.

Crisis en herstel

In de derde eeuw liep de welvaart snel terug. Op alle mogelijke manieren heeft men geprobeerd de ontstane crisis te verklaren. De meest uiteenlopende redenen zijn aangevoerd: het moreel verval van de burgers van een welvaartsstaat, het verlies van de oude Romeinse deugden, een terugloop van de bevolking als gevolg van Germaanse en Parthische invasies en burgeroorlogen, een slechte financiële politiek van de overheid, de hoge kostenfactor van de legers, een toenemende vijandigheid tussen de stedelijke bourgeoisie en de boeren die zich gesteund wisten door de legers, en het gegeven dat de Romeinse samenleving er niet in slaagde de productie te verhogen.

De Severische dynastie 193-235

De periode van 193-284 valt eigenlijk in twee delen uiteen. De jaren 193-235, waarin de keizers van de Severische dynastie aan het bewind waren, vertonen nog een zekere politieke stabiliteit. Van de jaren 235-284 kan dat op geen enkele manier gezegd worden. Chaos heerste op alle fronten. In die wanorde werd een politieke machtsstrijd uitgevochten, waarin het leger een beslissende factor was.

Na de dood van Commodus in 192 deed zich eenzelfde situatie voor als na de dood van Nero. Vier kandidaten dongen naar de troon. Uiteindelijk besliste Septimius Severus (193-211) de strijd in zijn voordeel. Afkomstig uit Africa en gehuwd met Julia Domna, een Syrische vrouw, die een grote invloed op zijn regeringspolitiek zou hebben, bleef hij in alles een man van de provincie. Zijn verhouding met de senaat was slecht, equites werden benoemd op posten die eigenlijk voor senatoren bestemd waren. Het meest tevreden over zijn beleid waren de soldaten, wier soldij voortdurend werd verhoogd.

Septimius Severus werd in 211 opgevolgd door twee zonen, Caracalla (211-217) en Geta. Eerstgenoemde doodde zijn broer en voerde een despotisch bewind. Beter gezegd: hij gedroeg zich als een despoot en liet de regering over aan zijn moeder, Julia Domna. De *constitutio Antoniniana*, die alle vrije mensen het Romeinse burgerrecht verleende, is de meest opvallende gebeurtenis uit zijn regeringsperiode. Hij nam deze maatregel vooral om de belastingopbrengst te verhogen. Voordelen bood het Romeinse burgerrecht in deze periode niet meer. Caracalla werd door iedereen, de soldaten uitgezonderd, gehaat. In 217 werd hij vermoord.

In de jaren 218-235 werd de dienst in feite uitgemaakt door vrouwen: Julia Domna, haar zuster Julia Maesa en de dochter van deze laatste, Julia Mamaea. Hun invloed op de twee laatste Severische keizers, Elagabalus en Alexander Severus, was praktisch onbeperkt. Elagabalus (218-222) was zestien jaar oud toen hij aan het bewind kwam en nauwelijks geïnteresseerd in een Romeins getint keizerschap. Veeleer ging zijn belangstelling uit naar religieuze zaken. Bij zijn komst naar Rome bracht hij een aantal Syrische priesters van de zonnecultus mee. De verering van El-Gabal, de zonnegod uit het Syrische Emesa, werd in het hele rijk als de officiële godsdienst geproclameerd, tot ergernis vooral van de Romeinse senatoren. Toen Elagabalus het zelfs naar de mening van Julia Maesa en Julia Mamaea te bont maakte, werd hij afgezet en gedood.

In zijn plaats kwam zijn neef Alexander Severus (222-235). Hij behandelde de senaat met respect en bouwde het ambtenarenapparaat in het rijk verder uit. Zeker in het begin van zijn regering maakte hij zich populair door belastingverlaging. De zwakte van zijn regering trad duidelijk aan het licht toen de legers in opstand kwamen, omdat Alexander weigerde de Alemannen, die de Rijngrens doorbroken hadden, te bestrijden. In 235 werd hij samen met zijn moeder vermoord.

De soldatenkeizers 235-284

De dood van Alexander luidde een periode van verval en anarchie in, waarin de Romeinen oorlog op twee fronten moesten voeren: tegen de Nieuw-Perzen aan de Eufraat en tegen de Germanen aan Rijn en Donau. De keizers volgden elkaar in snel tempo op en de legers maakten de dienst uit.

Legerafdelingen schoven steeds nieuwe kandidaten naar voren. De eerste die door de soldaten op de troon gezet werd was Maximinus (235-238), een Thracische boer die zich had opgewerkt tot generaal. Hij is een goed voorbeeld van het type keizer dat de derde eeuw beheerste: soldaat en niet gehinderd door scrupules ten opzichte van de senaat. Een samenzwering vanuit de senaat werd hem in 238 noodlottig. Ook met de andere 24 soldatenkeizers die na hem voor kortere of langere tijd aan het bewind waren, is het slecht afgelopen. Ze stierven op één na allemaal een gewelddadige dood. Alle keizers werden geconfronteerd met een bijna permanente burgeroorlog, belastingen die niet opgehaald konden worden omdat steeds meer mensen zich eraan onttrokken, en een torenhoge inflatie.

In het midden van de derde eeuw bereikte het rijk een dieptepunt. Decius (249-251) koesterde grote plannen om Rome weer het middelpunt van een sterk imperium te maken. Overtuigd als hij was dat daarvoor de oude Romeinse tradities hersteld moesten worden, organiseerde hij als eerste keizer systematisch in het hele rijk vervolgingen tegen de christenen, die waren uitgegroeid tot een grote minderheid. Veel tijd om zijn plannen te realiseren heeft hij niet gehad. In Moesië, Thracië en Dacië doorbraken de Goten de grenzen. Decius' pogingen om de Goten tegen te houden, mislukten. Zelf sneuvelde hij daarbij in 251.

De dood van Decius leidde tot een hernieuwde strijd om de heerschappij, vergelijkbaar met die in 69 en 193. Hieruit kwam Valerianus (253-260) als overwinnaar te voorschijn. Onmiddellijk gaf hij zijn zoon Gallienus (253-268) de titel van Caesar en benoemde hem tot mederegent. Moeilijkheden hebben zij genoeg gehad. Valerianus leed in 259 een smadelijke nederlaag tegen de Nieuw-Perzen en stierf in Perzische gevangenschap. Alle verantwoordelijkheid berustte nu bij Gallienus, die te maken kreeg met opstandige generaals. Twee opstanden heeft hij niet kunnen onderdrukken. In 260 riep het Rijnleger de generaal Postumus uit tot keizer. Deze vestigde zich in Trier en realiseerde daar een rijk dat grote delen van Gallië omvatte, een eigen senaat had en een eigen muntstelsel kende. Tot een soortgelijke afsplitsing kwam het in het oosten. Zenobia, koningin van Palmyra, versloeg een van Gallienus' generaals en breidde haar gebied uit tot de Bosporus in het noorden en Egypte in het zuiden. Beide afscheidingen tonen aan in welk een moeilijke positie het rijk verkeerde.

Te beginnen met Claudius (263-270), die vanwege zijn successen tegen de Goten de bijnaam Gothicus ontving, vond er in het Romeinse rijk een opleving plaats. Het streven van Claudius en zijn opvolgers is erop gericht geweest de politieke eenheid en stabiliteit te herstellen. Claudius behaalde overwinningen op Germaanse stammen die decennialang de provincies bij de grenzen hadden geplunderd. Zowel de Goten als de Alemannen die zich al in Noord-Italië hadden gevestigd, werden verslagen en teruggedreven. Claudius stierf in 270 aan de pest en werd opgevolgd door Aurelianus (270-275), die de lijn van zijn voorganger voortzette en Italië geheel van Germaanse bezetters bevrijdde. Niet geheel overtuigd dat de Germanen voorgoed verdwenen waren en uit vrees voor een Germaanse aanval op Rome, liet hij Rome ommuren met een ruim zes meter hoge wal die een lengte had van bijna twintig kilometer. Hij was het ook die de afscheidingsbewegingen van Postumus in Gallië en van Zenobia in Syrië ongedaan maakte. Teruggekeerd in Rome introduceerde hij de cultus van *Sol invictus*, de onoverwinnelijke zon. Een doorbraak van deze cultus heeft hij niet mogen beleven omdat hij spoedig daarna slachtoffer werd van een aanslag. Na een kort intermezzo waarin een bejaarde senator enige maanden aan de macht was, werd Probus (276-282), met instemming van legers en senaat, op de troon gezet. Evenals Aurelianus was Probus een man van de harde lijn, die het grootste deel van zijn regeringsperiode besteedde aan het definitieve herstel van de Rijngrens. Opstanden in Syrië, Klein-Azië en Gallië werden met harde hand onderdrukt. In 282 werd hij vermoord, vermoedelijk omdat de soldaten zich verzetten tegen de strenge tucht die Probus in de legers doorvoerde. Zijn opvolgers slaagden er niet in orde op zaken te stellen. De man die dat wel deed was Diocletianus. Met hem begon een nieuwe tijd, de late oudheid, een periode van herstel, maar tevens van een verregaande beknotting van de persoonlijke vrijheid van de bewoners van het rijk.

Diocletianus

Kort na het begin van zijn keizerschap begon Diocletianus aan hervormingen op velerlei gebied. Hij begon met een bestuurlijke reorganisatie. Hij koos Maximianus tot zijn medekeizer (Augustus) en gaf hem de taak om vanuit Milaan het westen te besturen. Zelf koos Diocletianus Nicomedia in Bithynië (niet ver van Byzantium) als regeringszetel, van waaruit hij het oosten kon besturen. Om de bestuurbaarheid van het rijk te vergroten werden twee andere generaals in de regering opgenomen. Zij kregen de titel Caesar, moesten een deel van het grondgebied van de twee Augusti besturen en zouden hen op termijn opvolgen. Deze bestuursdeling betekende een aantasting van de positie van Rome. Deze stad bleef in naam de hoofdstad van het rijk, maar de eigenlijke regeringsmacht lag in de steden Nicomedia, Milaan, Sirmium en Trier. Diocletianus baseerde zijn macht op het goddelijk recht en liet de senaat weinig bevoegdheden. Noch aan de keuze van de medekeizers noch aan het bestuur van het rijk had de senaat deel. Wel nam Diocletianus adviezen aan van persoonlijke raadgevers die in een speciaal college, het *consortium sacrum*, zaten. De afstand tussen de keizer en zijn onderdanen werd zeer groot. Hadden de keizers van de eerste en tweede eeuw gefunctioneerd als princeps, eerste van de senaat en van het volk, onder Diocletianus veranderde dat totaal. Hij kon slechts benaderd worden via een uitgebreid hofceremonieel. Als een oosterse koning ging hij gekleed in een purperen mantel en met een diadeem op het hoofd. Hij beschouwde zich als de *dominus*, de heer van zijn onderdanen. Met zijn persoon deed een nieuwe vorm van de monarchie zijn intrede: het *dominaat*.

Om de bestuurbaarheid van het rijk verder te vergroten heeft Diocletianus een andere provincie-indeling doorgevoerd. De bestaande vijftig provincies werden herverdeeld in 101 nieuwe, kleine provincies. Ook Italië bestond voortaan uit provincies. Deze nieuwe provincies werden gebundeld in administratieve districten, de diocesen, aan het hoofd waarvan *vicarii* stonden.

De instandhouding van de legers, de geweldige bureaucratie en de keizerlijke hoven van Diocletianus en zijn mederegenten waren geldverslindend. Omdat het traditionele belastingsysteem niet voldoende geld opbracht – de maatregelen om beter geld in omloop te brengen en daardoor de prijzen te stabiliseren, hadden niet de gewenste uitwerking –, gingen de keizers over op een systeem waarin van verschillende bevolkingsgroepen een speciale belasting gebaseerd op grondbezit werd gevraagd. Het werd onmogelijk gemaakt zich in een andere groep (met minder verplichtingen) te laten opnemen. De staat zag erop toe dat de belastingen werden betaald.

De dwang van de overheid strekte zich uit over alle sectoren van het maatschappelijk leven en was erop gericht de mensen binnen hun groep te houden. De vooraanstaande burgers in de steden, verantwoordelijk voor de lokale belastinginning, probeerden zich, meer nog dan in de derde eeuw, aan de belastingheffing te onttrekken. Daarom werd hun positie erfelijk gemaakt. Om te verhinderen dat handwerkslieden hun beroepen zouden opgeven, kregen hun vakverenigingen de status van erfelijke verenigingen, waarin de zonen verplicht werden het beroep van hun vader te kiezen.

Het systeem van gesloten kasten dat hiervan het gevolg was, bleef niet beperkt tot de steden. In verband met de op te brengen belasting was het noodzakelijk om te weten hoeveel pachtboeren er op de grote landerijen werkzaam waren. Op speciale lijsten werden zij geregistreerd. Zij werden gebonden aan het landgoed waarop zij werkten en kwamen volledig onder de zeggenschap van de landheren.

Diocletianus moest weinig hebben van de nieuwe populaire godsdiensten zoals de zonnecultus en de Mithrasgodsdienst, een van oorsprong Perzische religie die vooral onder de soldaten populair was. Het christendom stond hem het sterkst tegen. Zijn onderkeizer Galerius had dezelfde overtuiging. Op zijn verzoek werd in 303 een edict uitgevaardigd dat de kerken gesloten moesten worden, samenkomsten verboden en christenen uit elke officiële functie ontslagen moesten worden. Dit werd de inleiding tot een algehele christenvervolging die vooral in het oosten vele slachtoffers zou maken. De vervolging had niet het gewenste effect en in 311 zou diezelfde Galerius de vervolging staken. Diocletianus heeft dat niet meer beleefd. In 305 trad hij terug en korte tijd later stierf hij.

Constantijn

Diocletianus was er vast van overtuigd dat de tetrarchie ook na zijn terugtreden zou blijven bestaan, maar Constantijn, de zoon van een van de nieuwe keizers, heeft het systeem gebroken. Van het begin af heeft hij er geen geheim van gemaakt dat hij streefde naar alleenheerschappij. De weg om die te bereiken was lang en vol hindernissen. Hij moest afrekenen met concurrenten die in de bestuursdeling van Diocletianus naar voren waren geschoven. Constantijns eerste doel was de vernietiging van Maxentius, die zich in de positie van Augustus van het westen had weten te manoeuvreren. In 312 ontmoetten de beide rivalen elkaar bij de *Pons Milvius*, een brug over de Tiber, enige kilometers ten noorden van Rome. Constantijn won, Maxentius werd gedood. Niet de slag heeft van de geschiedschrijvers de grootste aandacht gekregen, maar het visioen dat Constantijn voor de slag zou hebben gehad. Daarin zouden hem de woorden zijn gezegd: 'In dit teken – christelijke schrijvers beweren dat het een op een kruis lijkend teken was – zult u overwinnen'. Constantijn geloofde later dat de overwinning tot stand was gekomen door toedoen van de God van de christenen. Het christendom werd niet slechts gelijkgesteld met andere godsdiensten, het ging zelfs een bevoorrechte positie innemen

Constantijn was nu heerser van het westen. Tussen hem en Licinius, de heerser van het oosten, groeide de spanning omdat beiden naar een alleenheerschappij streefden en omdat Licinius zich niet aan de afspraken hield en in het oosten christenvervolgingen bleef organiseren. Toen Constantijn in 324 Klein-Azië binnentrok, vond hij daar bij de talrijke christenen een welkome steun. Bij Adrianopolis vond de beslissende confrontatie plaats. Constantijn won en werd de alleenheerser van het rijk.

In zijn heersersopvatting verschilde Constantijn niet veel van Diocletianus. Hij maakte aanspraak op verering, maar wel op een zodanige manier dat het voor de christenen acceptabel bleef. Hij was er persoonlijk van overtuigd dat hij de dienaar van de God der christenen was en dat deze God zelf hem het bestuur over de wereld had toevertrouwd. Alles van de keizer was op een bepaalde manier heilig en ongehoorzaamheid aan de keizer werd beschouwd als heiligschennis. Allen die een onderhoud met Constantijn wilden, moesten knielen en zijn mantel kussen.

Het innen van de belastingen bleef problemen geven. En geld had Constantijn nodig. De verbetering van het leger en het nog immer toenemende ambtenarenapparaat vroegen om hogere belastingen. Veel geld vereiste ook de bouw van Constantinopel (de polis van Constantijn) op de plaats van het oude Byzantium, dat hij 'op bevel van God' als herinnering aan de overwinning op Licinius liet bouwen. Constantijn beschouwde deze stad als het nieuwe Rome; Constantinopel kreeg zelfs een eigen senaat. De bouw nam in totaal zes jaar in beslag en in 330 kon de stad plechtig worden ingewijd.

De late vierde eeuw 337-395

Constantijn liet bij zijn dood de heerschappij na aan zijn drie zonen, zonder dat een van hen als opperheerser werd bestempeld. Constantius II kwam uit de broederstrijd als overwinnaar te voorschijn, hoewel hij zich pas vanaf 353 alleenheerser kon noemen. Terwijl de broers om de macht streden, werden de noord- en oostgrenzen van het rijk weer bedreigd door barbaren. In het oosten probeerden de Nieuw-Perzen opnieuw hun macht over Armenië en Noord-Mesopotamië uit te breiden, terwijl aan de Rijn- en Donaugrenzen de Franken en Alemannen verschenen. Om deze situatie het hoofd te kunnen bieden benoemde Constantius in 357 een Caesar naast zich, zijn neef Julianus. Hoewel zonder militaire ervaring, maakte deze in enkele snelle campagnes een einde aan de aspiraties van de Alemannen, waarop hij door zijn troepen in Gallië tot keizer werd uitgeroepen. Constantius weigerde hem te erkennen, waarop Julianus op verzoek van zijn troepen naar het oosten vertrok om Constantius te bestrijden. Voordat het tot een confrontatie kwam stierf Constantius.

Onder Julianus (360-363) ging er kort een heel andere wind in het rijk waaien. Hij voerde zuiveringen uit onder de paleisfunctionarissen en probeerde de hoge belastingen voor de provincies dragelijk te maken. Veel aandacht heeft hij besteed aan de propaganda voor zijn religieuze denkbeelden. Hij had een afkeer van het christendom en beschouwde het Nieuwe Testament als een letterkundig geschrift van weinig waarde dat de vergelijking met de klassieke literatuur niet kon doorstaan. Hij wilde het heidendom nieuw leven inblazen. Julianus' godsdienst was een vermenging van filosofische elementen en van oude elementen uit de staatsgodsdienst van de Romeinen. Hijzelf was een pantheïst, die geloofde dat de goddelijke kracht in de hele natuur aanwezig was. Hoogste symbool was de zon. Julianus is niet in zijn opzet geslaagd. Hij stierf tijdens een veldtocht tegen de Nieuw-Perzen.

In 364 kozen de hoogste legerofficieren Valentinianus, die afkomstig was uit Pannonië, tot nieuwe keizer. Onmiddellijk bij de aanvaarding van het keizerschap werd hij genoodzaakt zijn jongere broer Valens als medekeizer te benoemen. Valentinianus (364-375) koos het westen als ambtsgebied, met Milaan als residentie, Valens (364-378) zou vanuit Constantinopel over het oosten regeren. Van de beide keizers was Valentinianus het meest succesvol. De Alemannnen, Franken en Saksen werden verslagen en de grenzen langs de Rijn en in Brittannië werden versterkt. Ook op het gebied van de binnenlandse politiek was Valentinianus actief. Valens ondervond veel moeilijkheden bij de oplossing van het 'Gotenprobleem'. Omdat de Romeinse legers te zwak waren om de Goten definitief buiten gevecht te stellen en opneming van de Goten in het leger een welkome versterking betekende, kregen de Visigoten toestemming om het rijk binnen te komen. Het liep evenwel anders dan Valens had gedacht. De Visigoten werden niet tijdig over de verschillende legeronderdelen verspreid, en lokale beambten buitten hen op schandelijke wijze uit. Onlusten braken uit, waarvan ook Ostrogoten profiteerden door het rijk binnen te vallen. Zonder versterkingen af te wachten van Gratianus, die in 375 zijn overleden vader Valentinianus had opgevolgd, ging Valens de strijd aan met de Goten, wier aantal volgens de geschiedschrijvers ongeveer 200.000 beliep. De nederlaag die hij in 378 bij Adrianopolis (Thracië) leed, was verpletterend. Valens zelf sneuvelde.

Gratianus benoemde op de plaats van Valens een Spaanse generaal, Theodosius. Deze vermeed een gevecht met de Goten en sloot in 382 vrede. In de vredesbepalingen werd vastgelegd dat de Visigoten land zouden krijgen op de Balkan en daar als volk zouden leven onder eigen heersers en met eigen wetten. Krachtens een verdrag waren zij aan het Romeinse rijk gebonden (*foederati*). Rome moest hun soldij en onderhoud betalen, de Visigoten verplichtten zich dienst te nemen in het Romeinse leger. Voor het ogenblik was dit een gelukkige oplossing, op de lange termijn zou het leiden tot een verzwakking van het leger en een maatschappelijke ontwrichting.

Na de dood van Gratianus in 383 en de uitschakeling van enkele troonpretendenten was Theodosius tot zijn dood in 395 alleenheerser. Hij zou de geschiedenis ingaan als 'de Grote', niet zozeer omdat hij de laatste keizer was die de eenheid in het Romeinse rijk bewaarde, als wel vanwege zijn houding ten opzichte van het christendom. In 394 verbood Theodosius alle heidense riten en schafte de Romeinse kalender af. Het christendom werd de nieuwe staatsgodsdienst.

De ontbinding van het Romeinse rijk

In 395 liet Theodosius het rijk na aan zijn beide zonen. Honorius (395-423) kreeg het westelijke rijksdeel en Arcadius (395-408) het oostelijke. Het was van meet af aan duidelijk dat Arcadius er het best was afgekomen, want het oosten had, in tegenstelling tot het westen, in de vierde eeuw de problemen het hoofd kunnen bieden. In de conflicten met de Hunnen en de Ostrogoten hadden de keizers van het oostelijke deel nauwelijks gebied hoeven prijsgeven, en organisatorisch had het oosten geen grote veranderingen ondergaan. Het centrale bestuur, de provinciale en lokale administratie, het commerciële leven en de geldeconomie waren blijven bestaan. Het oosten zou zelfs een nieuwe bloeiperiode beleven als het Byzantijnse rijk. Het westen, dat nooit de hoge ontwikkeling van het oosten had bereikt, kende niet zo'n dicht netwerk van steden van waaruit effectief bestuur mogelijk was. De crisis van de derde eeuw had daar de diepste sporen nagelaten en de dwangmaatschappij van de vierde eeuw had de tegenstellingen tussen de rijke senatoriale bovenlaag en de rest van de bevolking duidelijker dan ooit tevoren blootgelegd. Ook in militair opzicht waren er verschillen. Het westen was voor zijn troepenlichtingen afhankelijk geworden van Germanen, zowel binnen als buiten het rijk, terwijl in het oostelijke deel van het rijk de barbarisering van de troepen in de hand kon worden gehouden.

In het westen wonnen Germaanse generaals aan invloed. Zo'n generaal was Stilicho, die in de laatste jaren van Theodosius' regering het bevel over het leger had gevoerd. Toen de jeugdige Honorius op de troon kwam, was Stilicho in feite de persoon die de macht uitoefende. Zijn pogingen om ook in het oosten de regeringsmacht in handen te krijgen leden schipbreuk. In plaats daarvan ontstond er onenigheid tussen het westen en het oosten over Illyricum (Joegoslavië). Stilicho wilde het gehele gebied bij het westen trekken, hoewel Theodosius het bij de verdeling in tweeën gesplitst had. Alarik, de koning van de Visigoten die in Thracië woonden, meende van die twist te kunnen profiteren en bezette Moesia, het noorden van Illyricum. De plundertochten van de Visigoten richtten wel veel schade aan op de Balkan, maar de versterkte steden konden zij niet innemen. Tot tweemaal toe behaalden de Romeinen kleine overwinningen op de Visigoten zonder dat zij hun de beslissende slag konden toebrengen. Pas toen Stilicho in 408 op verdenking van verraad was gedood, was de weg voor de Visigoten vrij om het westelijk deel van het Romeinse rijk verder binnen te dringen. In datzelfde jaar stierf ook Arcadius.

De jaren 406-408 moeten worden beschouwd als het begin van het einde van het westelijke gedeelte van het Romeinse rijk. In december van het jaar 406 braken de Germaanse Vandalen en de Suevi, die onder druk van de Hunnen in westelijke richting werden gedreven, door de Rijnlinie. Kort daarop werden zij gevolgd door de Bourgonden. Het besluit van Alarik in 408 om met zijn Visigoten naar Italië te trekken, confronteerde Honorius in alle hevigheid met het Germaanse probleem. De weerstand van de keizer bleef evenwel uit. Hij had zijn residentie verplaatst naar Ravenna en waande zich veilig in deze van de landzijde praktisch onneembare stad. Het gevolg van deze invasies was wel dat de Romeinse overheid volledig het zicht op de Germanen verloor.

In 410 namen de Visigoten Rome in, een gebeurtenis die door tijdgenoten werd beschouwd als het einde van de beschaafde wereld. Zover was het echter nog niet. De Visigoten verlieten Rome weer, op zoek naar voedsel en land. In Italië, dat zelf niet genoeg produceerde en afhankelijk was van graanimporten, vonden zij geen oplossing voor hun problemen. Alariks plannen om naar Afrika over te steken mislukten. Kort daarop stierf hij. Zijn opvolger voerde de Visigoten naar Gallië, waar zij zich ten slotte in 418 blijvend vestigden, in het zuiden. Ze leefden onder eigen bestuur en hadden eigen wetten. Omdat de banden met de Romeinen steeds losser werden, waren ze ten slotte praktisch onafhankelijk. In het verdere verloop van de vijfde eeuw breidden zij hun gebied uit tot aan de Loire.

De andere Germaanse stammen binnen het westelijke deel van het Romeinse rijk bereikten eenzelfde status. De Vandalen vestigden zich in 429, na een tijdelijk verblijf in Andalusië, in Noord-Afrika en breidden daar onder hun koning Geiserik hun macht uit. In 442 werd het Vandalenrijk onafhankelijk, hetgeen betekende dat Afrika voor de Romeinen verloren was. In 455 staken de Vandalen zelfs over naar Rome, plunderden de stad en roofden vele kunstschatten. In de volgende decennia beheersten zij grote delen van de Middellandse Zee en stonden een uitbreiding van de Byzantijnse hegemonie in westelijke richting in de weg.

De Bourgonden die vanaf 413 in Oost-Frankrijk woonden, raakten in 433 in oorlog met Rome. Zij werden verslagen, verloren hun gebied en kregen als nieuw woongebied Savoie toegewezen. In de jaren daarna betoonden zij zich trouwe bondgenoten. De Franken vestigden zich rond 450 in Noord-Frankrijk. Nadat Brittannië rond 410 door de Romeinen was opgegeven, werd het noordelijk deel door de Scothen en de Picten en het zuiden door de Angelen en de Saksen ingenomen.

Dat het Romeinse rijk in de vijfde eeuw niet volledig door de Germaanse invallers onder de voet werd gelopen, en dat het verlies beperkt bleef tot Brittannië en grote delen van Gallië, Spanje en Noord-Afrika, is vooral te danken aan de kundige Romeinse generaal Aëtius. Hoewel hij niet de keizer was – dat was de weinig krachtdadige Valentinianus III (423-455) – heeft hij tot zijn dood in 454 zijn stempel gedrukt op de Romeinse politiek. Hij behoedde Oost-Gallië en Noord-Italië voor verdere Germaanse invasies. Daarvoor had hij wel de steun nodig van huurlingen die hij aanwierf onder de Germanen aan de Donau en onder de Hunnen.

De Hunnen waren in de vijfde eeuw het enige volk dat een bedreiging vormde voor het oostelijke deel van het Romeinse rijk. Maar omdat de keizer daar in staat was voldoende soldaten van eigen bodem te rekruteren, kon het gevaar worden afgewend. En wanneer de dreiging van de Hunnen te groot werd en deze hoge afkoopsommen eisten, waren de financiële reserves groot genoeg om aan deze 'chantage' te voldoen. Toen het Atilla, de koning van de Hunnen, echter ter ore kwam dat men hem vanuit Constantinopel wilde vermoorden, trok hij op tegen het Oost-Romeinse rijk. Hij plunderde de Balkanprovincies, maar hij kon geen beslissing forceren. Daarop ging hij westwaarts, richting Gallië. Zijn verwoestingen en plunderingen bezorgden hem de bijnaam 'de gesel Gods'. Aëtius bracht een coalitie op de been van Romeinse legioensoldaten en Germaanse troepen. In 451 kwam het tot een veldslag op de Catalaunische velden, in de omgeving van Chalons-sur-Marne. De Romeinen zegevierden en de Hunnen trokken zich terug. Een paar jaar later keerden zij terug en vielen Noord-Italië binnen. Daar vond een ontmoeting plaats tussen Attila en Leo I, de bisschop van Rome. Wat daar besproken is, wordt nergens vermeld, maar de christenen verkondigden later dat Attila Italië had verlaten op bevel van God. Andere zegslieden vermeldden dat honger, ziekte en uitputting de Hunnen tot de terugtocht hebben gedwongen. Hoe het ook zij, de Hunnen trokken naar Hongarije. Een jaar later stierf Attila en viel het rijk van de Hunnen uiteen.

De dood van Aëtius in 454 en van keizer Valentianus in 455 werd het begin van een periode van chaos in het westen. De keizers volgden elkaar op in een snel tempo, negen in eenentwintig jaar. Veel macht hadden zij niet. Die lag in handen van de generaals, in de tweede helft van de vijfde eeuw voornamelijk van Germaanse afkomst.

De positie van de keizer in het westen devalueerde in deze jaren zo sterk dat, toen de Germaanse huursoldaten in 476 de jonge keizer Romulus Augustulus afzetten, zij er geen behoefte aan hadden om een nieuwe keizer te kiezen. Zij kozen Odoacer tot koning van de Germanen in Italië en erkenden de autoriteit van de keizer in Constantinopel. In feite regeerde Odoacer dus in Italië uit naam van de keizer van het Oost-Romeinse rijk. Toch hebben vele geleerden het jaartal 476 als het eindpunt van de Romeinse geschiedenis beschouwd. Hun voornaamste argument is dat met de opkomst van Odoacer het Romeinse bestuur definitief uit het westelijk rijksdeel verdween.

Hoe kwetsbaar en afhankelijk de positie van Odoacer was, bleek in de jaren 480-490. De Oost-Romeinse keizer Zeno (474-491) was hevig verontrust over de plunderingen die de Ostrogoten, hoewel zij door een verdrag aan hem gebonden waren, op de Balkan aanrichtten. Bevreesd om de belastingen te moeten verhogen ter verbetering en uitbreiding van het leger, bedacht hij een andere oplossing. Hij kocht de plunderingen van de Ostrogoten af en zond hen naar Italië om Odoacer in Italië af te zetten. Na een strijd van enkele jaren nam Theodorik, de koning van de Ostrogoten, door verraad de macht van Odoacer in Italië over. Zo werd het Byzantijnse rijk op een gemakkelijke manier van zijn Gotenprobleem verlost en werd Italië in 489 het koninkrijk van de Ostrogoten.

Onder Theodorik beleefde Italië een laatste opbloei. De band met het oosten bleef bestaan, omdat de Ostrogoten de autoriteit van de keizer in het oosten erkenden. Theodorik streefde ernaar het oude bestuurssysteem van de Romeinen zoveel mogelijk te herstellen, waardoor hij de medewerking van de senaatsaristocratie verkreeg. Wel moesten de senatoren land afstaan aan de Ostrogoten, maar dit leidde niet tot serieuze protesten. Theodorik toonde zich een groot bewonderaar van de Romeinse beschaving. Een actief bouwbeleid, niet alleen in zijn residentie

Ravenna maar ook in andere Italiaanse steden, was daarvan een uitvloeisel. Tot een volledige integratie van Romeinen en Ostrogoten is het niet gekomen. De Ostrogoten en de Romeinen leefden gescheiden als twee aparte volkeren. Huwelijken tussen Romeinen en Ostrogoten werden niet gesloten.

Het rijk van de Ostrogoten is van korte duur geweest. Na Theodoriks dood deden de Romeinse senatoren een beroep op de toenmalige keizer van Constantinopel Justinianus (527-565) om Italië te bevrijden. Dit verzoek paste goed in Justinianus' plan om het Romeinse rijk in zijn totale omvang te herstellen. Eerst veroverde zijn generaal Belisarius Noord-Afrika, waar hij in 534 een einde maakte aan het rijk van de Vandalen. Daarop stak het leger over naar Italië. Sicilië was snel veroverd, maar het zou nog tot 556 duren voordat geheel Italië onder de zeggenschap van Justinianus was. Om het bestuur van Italië goed te kunnen uitoefenen benoemde de keizer een gouverneur, die uit zijn naam regeerde.

Justinianus' veroveringstocht was de laatste actieve poging van een Byzantijnse keizer om de heerschappij over het westen te heroveren. Zijn legers waren evenwel niet sterk genoeg om zijn gezag over Gallië en Spanje te laten gelden. Vooral de Franken hadden aan macht gewonnen. Onder hun koning Clovis (481-511) breidden zij in twintig jaar het Frankische grondgebied uit over geheel Gallië, met uitzondering van het zuidoosten, waar de Bourgonden zich handhaafden. De Visigoten daarentegen werden uit Zuid-Frankrijk verjaagd en namen de wijk naar Spanje, waar zij een nieuw koninkrijk stichtten. Clovis' verovering van Gallië betekent het definitieve einde van de Romeinse zeggenschap over dat gebied. Omdat ook de Bourgonden en de Visigoten niet meer onder Romeins bestuur gebracht konden worden en Engeland en de Lage Landen (Nederland en België) al veel eerder waren opgegeven, was nu het gehele westen van het Romeinse rijk verloren. Men zou kunnen zeggen dat de realiteit van de Germaanse staten in het westen het einde betekent van de Romeinse geschiedenis aldaar.

Voor Italië zelf is dat moment later gekomen. In 568, kort na de hereniging met het oosten onder Justinianus, werd Italië overweldigd door de Langobarden, een Germaans volk uit Midden-Duitsland. Het Romeinse bestuur verdween nu definitief, de senaat functioneerde niet meer. In plaats daarvan kwamen hertogen en graven die, officieel uit naam van de koning, maar met zeer grote persoonlijke macht, de verschillende districten bestuurden.

Het Byzantijnse rijk bleef bestaan; het zou pas in 1453 verdwijnen, en de hoop op een hereniging met het westen werd nooit opgegeven. In de zevende eeuw ontviel daaraan echter alle feitelijke grond: de Avaren, een Slavisch volk uit Centraal-Europa, bezetten de Balkan en sneden de verbindingen met Italië af. Tijd om de verbindingswegen te herstellen kregen de Byzantijnen niet, omdat in dezelfde eeuw de Arabieren Egypte, Klein-Azië en Noord-Afrika van het Byzantijnse rijk afnamen. Toen zij in 711 ook nog Spanje veroverden en de Middellandse Zee gingen controleren, werden de contacten tussen Oost en West definitief verbroken. De wereld van de oudheid was definitief verleden tijd.

Verder lezen

Er bestaan natuurlijk veel uitgebreidere en complexere overzichten van de klassieke geschiedenis dan deze notendop. Voor de lezer die uitgebreider geïnformeerd wil worden over de oude geschiedenis volgen hier enkele titels van overzichtswerken.

F.G. Naerebout en H.W. Singor, *De Oudheid. Grieken en Romeinen in de context van de wereldgeschiedenis*, Baarn 1995 (met uitgebreid literatuuroverzicht).

Ch.G. Starr, *A History of the Ancient World*, New York 1974 (vele malen herdrukt).

Zeer uitvoerig is I.E.S. Edwards e.a. (red.), *The Cambridge Ancient History*, Cambridge 1971. Deze nieuwe editie in vele delen is praktisch voltooid.

Zeer veel wetenswaardigheden zijn te vinden in *Der Kleine Pauly. Lexicon der Antike*. Hrsg. von K. Ziegler en W. Sontheimer, 5 Teile, Stuttgart 1963-1976.

The Oxford Classical Dictionary. Red. M. Cary e.a., Oxford 1966 (of latere druk).

Wie de geschriften van Homerus, Herodotus, Aeschylus, Plato, Cicero, Vergilius en al die andere schrijvers dankzij wier geschriften de oudheid voor ons zichtbaar is geworden, wil lezen, raden wij *The Loeb Classical Library* aan, tweetalige uitgaven van de werken van praktisch alle auteurs uit de oudheid. De meeste werken zijn ook in het Nederlands verschenen. Informatie over de in het Nederlands vertaalde Grieks-Romeinse schrijvers is te vinden in: P. de Rynck en A. Welkenhuysen, *De Oudheid in het Nederlands. Repertorium en bibliografische gids*, Baarn 1992 (er zijn later nog aanvullingen op deze lijst verschenen).

Register